완벽하지 않아서 사랑하게 되는

김봉학
김예림
김예영
김혜빈
신은경
이상오
정민권
최민아

서아책방

완벽하지 않아서 사랑하게 되는

김봉학
김예림
김예영
김혜빈
신은경
이상오
정민권
최민아

서아책방

목차

신은경

함께 살 결심 8 / 청소를 부탁해 14
/ 형우 씨 이야기 21 / 구해줘 홈즈 30
/ 장애가 내게 가르쳐 준 것들 39

정민권

냉정과 온정 사이 50 / 세상에는 그냥 일어나는 일이 있다 57
/ 도전을 외친다고 극복이 되는 건 아니라서 64
/ 나는 누구? 여기는 어디? 69 / 마법 같은 일 76

김봉학

존재하고 살아가는 여정 88 / 그의 행복한 발걸음 95
/ 노래가 명약이에요 103 / 나의 응원일지 109
/ 좋아서 하는 일은 지치지 않아요 116

김예림

완벽하지 않아서 사랑하게 되는 것들 128
/ 속도를 멈추지 못하는 사회에서 133 / 실패하며 성장할 권리 137
/ 발달장애인이 병원에 가려면 146 / 천사 같다는 칭찬 대신 151

김예영

누군가의 최선 **162** / 후회, 그리고 그 다음 **168** / 롤모델 **173**
/ 첫만남보다는 조금 더 나은 삶을 위해 **178**
/ 엄마의 용기 **183**

김혜빈

장애를 '극복한' 사랑이란 **194** / 어렸던 나에게 외치다 **200**
/ 비효율적인 도전 **206** / 모스크바 횡단 열차 **212**
/ 멀리서 보면 희극, 가까이서 보면 비극 **217**

이상오

특별한 선물 **226** / 삶과 죽음의 현실 앞에서 **234**
/ 포기하지 않는 마음 **242** / 오늘의 나로 있게 해준 사람 **247**
/ 언제나 소외되고 고통받는 사람들의 편에 서다 **255**

최민아

오늘의 나와 내일의 나 **266** / 내가 선택한 안전한 도전 **272**
/ 손톱만큼이라고 할지라도 **280** / 가식적인 일 **287**
/ 딸기가 좋아 **295**

추천사

동대문구청장 이필형 **306**
서울시장애인복지관협회 회장 최선자 **308**
구립동대문장애인종합복지관 관장 황주연 **310**

신은경

작가소개

2012년부터 지금까지 사회복지 노동자로 살고 있습니다. 장애에 대해, 서로 기대어 살아가는 삶에 대해 더 많은 사람과 이야기하고 싶어 가끔 틈을 내어 글을 씁니다.

함께 살 결심

"까아악"

센터에서 가장 막내인 여덟 살 현서가 또 악을 쓰고 운다. 블록을 자기만의 방식으로 세우다 원하는 대로 되지 않았는지, 냅다 던져 버린다. 그것으론 분이 풀리지 않았는지 펄쩍펄쩍 뛰며, 그야말로 온 힘 다해, 온몸으로 울부짖는다. 이럴 땐 달래도 소용없다. 그저 다치지 않도록 가까운 곳에서 지켜보며 감정이 가라앉을 때까지 기다려주는 수밖에. 감각이 예민한 아이들이 현서의 비명 같은 울음소리에 금세 귀를 틀어막고 불안해한다.

좀처럼 말로 자기표현을 하지 않는 아이들도 현서의 울음엔 하나둘 반응을 보인다. 주변의 작은 변화에도 금방 불안과 두려움을 느끼는 민수는 커다란 눈에 눈물이 그렁그렁해서는 "집에 가고 싶어요. 집에 가고 싶어요." 하는 말을 반복하며 자리에 앉지도 못하고 안절부절 서성인다. 어지간해서는 다른 사람이나 주변에 관심을 보이지 않고 매일 같이 무지개를 그리는 도도한 지원이도 그림을 그리다 말고 심각한 표정을 지으며 "동생 아파. 동생 슬퍼."라고 얘기한다. 한 번 터지면 끝장을 봐야 직성이 풀리는 것처럼, 폭포수같이 쏟아지는 현서의 울음은 쉽사리 끝나지 않는다. 우는 현서나, 그것을 지켜보는 사람들이나, 모두에게 괴롭고 힘든 시간이다.

어느 정도 시간이 흐른 뒤, 드디어 현서의 울음소리가 잠잠해졌다. 언제 그랬냐는 듯 특유의 콧노래를 흥얼거리며 유유히 사건 현장(?)을 빠져나가려 한다. "블록 바구니에 담아." 현서를 가로막은 내가 짧고 단호하게 말한다. 예상대로 녀석은 콧방귀도 뀌지 않는다. 원하는 놀잇감을 향해 돌진하는 현서를 기어코 붙잡고 다시 이야기한다. "블록 바구니에 담아." 하지만 현서는 여전히 불쾌함과 저항감을 또다시 온몸으로 표현한다. "까아악" 그래도 내가 꿈쩍하지 않고 버티자, 당황한 현서는 손을 들어 나를 때리려고 한다. 이전에 무방비 상태에서 몇 번 현서에게 얼굴을 맞은 적이 있던 터라, 이번엔 맞기 전에 재빨리 아이의 두 팔을 잡았다. 편식이 심하고, 잘 먹지 않아 체중도 적게 나가는 녀석이 손은 어찌나 매운지, 그 조그마한 손에 얼굴을 맞으면 정신이 번쩍 들 정도로 아프다. 아픈 것도 아픈 것이지만, 자꾸 누군가를 때리는 경험을 아이가 하면 안 될 것 같아, 때리기 전에 최대한 막아보기로 작전을 변경했다. 물론 작전이 실패할 때도 많았다.

"때리면 안 돼. 아파!" 단호한 목소리로 아이에게 분명히 이야기한다. 현서는 다시 한번 때리기를 시도했지만, 먹히지 않았다. 두 팔을 잡힌 현서는 이제 손이 아닌 다리와 머리를 휘두르며 거세게 저항한다. 이럴 땐 무조건 버텨야 한다. 훈육하는 사람이 동요하면 아이는 금방 알아채고 더욱 기세를 높여 저항한다. 이번엔 반드시 아이를 가르치겠다는 마음으로 버틴다. 안되는 건 아무리 떼를 써도 절대 안 된다는 것을 아이에게 가르쳐야 한다. 아이에게나 나에게나 쉽지 않은 시간이었다. 그 모습을 지켜보는 동료들과 다른 아이들에게도 힘든 시간이긴 마찬가지였을 것이다. 그러나 포기할 수 없었다.

한 시간이 넘는 대치 끝에 드디어 종전을 선포한 듯 고요한 평화가 찾아왔다. "후" 현서는 길게 숨을 한번 내쉬고는, 조용히 노래를 흥얼거리며 자신이 바닥에 던져 버린 블록 조각들을 바구니에 하나둘 담기 시작했다. 블록을 다 정리한 현서에게 다가가 "잘했어, 잘했어!" 칭찬하며 아이를 안아주었다. 포기하지 않은 건 나뿐만이 아니었다. 아이도 마찬가지였다. 나는 함께 버텨준 아이에게 고맙고 미안해 그만 눈물이 핑 돌았다. 아이가 자신이 던진 장난감을 바구니에 담은 일이 뭐 그리 대단한 일인가 싶겠지만, 나에겐 대단한 일이다. 그건 가능성이고 희망이다.

현서는 소위 '도전적 행동'이 많은 아이다. 돌보고 가르치기에 힘든 아이라는 말이다. 먹고 자고 놀고 배우는 모든 면에서 어느 것 하나 쉽게, 그저 편하게 넘어가는 일이 없다. 그러니 집이나 학교, 센터 등에서 도전이 되는 상황이 자주 발생한다. 물론 이건 비장애 어른들의 관점에서 하는 이야기다. 기본적인 생리현상인 대소변을 처리하는 일조차 현서에게는 쉬운 일이 아니다. 자신도 어쩌지 못하는 예민함 때문에 하루에도 몇 번씩 악을 쓰고, 울고 소리치고, 바닥에 드러눕는 아이를 대하는 일은 생각보다 어려운 일이다. 그러나 자폐성 장애아동이니 어쩔 수 없는 일이라고 단념하고, 그저 상황을 빨리 전환하도록 아이가 원하는 대로 들어줄 수만은 없었다. 지금은 어려서 이해받아도, 나이가 더해질수록 점점 더 이해받지 못할 것이다. 이해받지 못하면 천덕꾸러기처럼 배제되고, 배제되면 점점 더 사람들 사이에서 고립될 것 같아 걱정됐다. 자해나 타해 행동이 심한 성인 장애인의 경우, 고등학교를 졸업한 이후 직업을 가지기도 어렵고, 그룹 활동에 참여하거나 활동지원사를 배치할 때도 어려움을 겪는 것을 종종 봐 왔다. 어느 곳에도 제대로 소속되지 못하면, 당사자뿐 아니라 가족들의 삶도 힘들어진다.[1] 그래서 그런지, 내 눈앞에 있는 것은 이제 겨우 여덟 살 아이지만, 성인이 된 현서의 모습을 떠올리지 않을 수 없었다. 이대로 그냥 두면, 부정적 행동이 더 강화돼 어디서든 환영받지 못하는 어른이 될 것만 같았다. 그래서 버텼다. 물건을 던지면 안 된다고, 사람을 때리면 안 된다고, 눈길도 주지 않는 아이를 붙잡고 얘기하고 또 얘기하며 가르쳤다. 장애가 있든 없든 언젠가는 안전한 돌봄 공간에서 벗어나 세상 속에서 사람들과 부대끼며 살아가야 하니까.

    현서는 '후' 길게 숨을 내쉬고, 바구니에 블록을 담았다. 시간이 조금 오래 걸리더라도, 참고 또 참고 기다리면 아이는 폭

---

1) 2023년 경기도 최중증 발달장애인 24시간 돌봄 실태조사 결과에 따르면, 응답자의 73.6%가 공적 돌봄서비스 시간이 부족하다고 답변했다. 또한, 중증 발달장애인 보호자의 정신적 건강은 '심한 수준의 우울감'이 41%(580명)로 높게 나타났고, 보호자 4명 중 1명은 "죽고 싶었다."고 응답했다.(참고: 2024년 1월 31일 보건복지부 보도 자료).

풍같이 휘몰아치는 자기감정을 어느 정도 스스로 조절하고, "블록 바구니에 담아"라는 선생님의 지시를 따를 수 있었다. 물론 이러한 과정은 이후에도 수없이 반복되었다.

    장애가 있더라도, 아이들은 자란다. 비록 느리지만 분명 자란다. 중요한 것은, 아이가 자신만의 속도로 자랄 수 있도록 곁에서 돌보고 가르치는 어른들이 인내심을 가지고 버텨주는 것이다. 그러나 버티는 일이 말처럼 쉽지 않다. 개성 강한 아이들을, 개별 특성에 맞게 세심하고 안전하게 돌보고 가르치려면 필요한 것들이 있다. 훈련된 충분한 사람들과 장애 특성을 고려한 물리적 환경이다. 또한, 분리하고 배제하는 마음이 아닌, 함께 살아갈 결심이 필요하다. 장애가 있든 없든 인간은 모두 취약한 존재다. 혼자 힘으로만 살아가는 사람은 아무도 없듯, 현서도 세상 안에서 다른 이들과 기대어 함께 살아갈 것이다.

청소를 부탁해

 경진 씨의 요청은 간단했다. 주 3일, 그녀가 사는 10평 미만의 원룸을 청소해 주는 것. 그밖에 다른 요청은 없었다. 청소를 깔끔하게 해주실 수 있는 육십 대 초반의 베테랑 활동지원사 한 분이 금방 떠올랐다. 전화를 드려 근무 조건을 설명하자, 고민하지 않고 바로 수락했다. 아직 경진 씨를 만나 보지 않았지만, 어쩐지 일이 술술 잘 풀릴 것 같은 예감이 들었다.
 이틀 뒤, 경진 씨가 근무하는 회사의 회의실에서 활동지원서비스[1] 상담을 진행했다. 휠체어를 밀며 회의실로 들어오는 경진 씨는 단정하고 건강해 보였다. 서비스 이용 계약에 필요한 질문을 건네자, 차분하고 간결하게 대답했다. 동행한 활동지원사는 벌써 경진 씨가 마음에 드는지 연신 흐뭇한 미소를 짓고 있었다.

    이십 대 후반의 경진 씨는 어릴 때 교통사고로 하반신이 마비되었다고 한다. 사고 후 휠체어가 그녀의 두 다리가 되어 주었다. 그녀는 부모님과 함께 살다 얼마 전 독립해 회사 근처에서 자취를 시작했다. "먹는 건 사다 먹어서 괜찮은데, 청소하는 게 힘들어요. 집 안에서도 휠체어를 타서 바닥 청소가 중요한데, 방바닥과 화장실 청소가 제일 어렵더라고요." 경진 씨는 자신이 출근한 뒤, 활동지원사가 편한 시간에 집에 와 청소를 하고 가면 된다고 말했다. 하지만 그것은 불가능했다. 원칙적으로 이용자(장애 당사자)와 활동지원사가 함께 있을 때만 서비스 이용이 가능하기 때문이다. 그러나 경진 씨는 퇴근 후엔 친구들을 만나기도 하고, 가끔 야근도 해서 어렵다고 했다. 또 집이 좁아서 자신이 함께 있으면 활동지원사가 편하게 청소하기 어렵다고 했다. 휠체어가 들어가면 10평 남짓한 집은 더 좁아진다. 무

---
1) 장애인 활동지원 사업은 신체적·정신적 장애로 혼자서 일상생활과 사회생활을 하기 어려운 모든 장애인에게 활동지원서비스를 제공함으로 자립 생활과 사회참여를 지원하고, 장애인의 삶의 질 증진을 목적으로 2011년부터 시행되었다. 활동지원서비스는 활동보조, 방문목욕, 방문간호로 나뉘며, 그 중 활동보조는 가사지원, 신체지원, 사회활동지원을 의미한다.

엇보다 퇴근 후 저녁 시간은 혼자 편하게 있고 싶다고. 나 역시 직장인이라 충분히 공감되는 점이었다. 나는 담당 주무관(구청 공무원)에게 상황을 잘 설명해 보겠다고 얘기했다. 부정수급이 의심되는 상황이 아니었기에, 적절한 대안을 제시하면, 주무관도 이해할 것 같았다. 그러나 그건 나의 착각이었다.

주무관은 활동지원사가 실제 근무했는지 확인할 수 없고, 규정에 어긋나기에 안타깝지만 불가능하다고 했다. 나는 활동지원사가 출퇴근할 때마다 경진 씨 집에 있는 시계를 사진 찍어 사회복지사인 나에게 전송하여 근태를 확인하겠다고 했다. 또 수행한 업무 역시 사진을 찍고, 일지를 기록해 매주 점검하겠다고, 적극적으로 제안했다. 하지만 돌아오는 답변은 요지부동이었다. 지침을 따라야 하며, 예외 적용은 불가하다는 것. 아무리 기발한 방법을 제시해도, 어차피 답은 정해져 있었다. 무조건 지침대로. 토 달지 말고.

나는 가끔 사회복지사인 내가 보건복지부나 지자체의 하청업체 직원 같다는 생각이 들었다. 특히 모든 업무를 지침에 따라 처리해야 하는 사회서비스[2] 사업을 담당할 때는 더더욱 그런 생각이 들었다. 지침에서 벗어나는 일들은 언제든 지적 사

---

2) 대표적인 사회서비스는 장애인 활동지원, 장애아동 가족지원, 발달장애인지원 사업 등이 있다.

항이 될 수 있었다. 왜 지침을 따르지 못했는지, 어떤 사정이 있었는지 자세히 묻지 않았다.

경진 씨는 대한민국의 평범한 청년이자, 성실한 직장인이다. 아침 9시에 출근해 8시간 노동을 하고, 퇴근 후에는 친구들을 만나거나, 취미 생활을 하며 자기 삶을 꾸려가고 있다. 하나 특별한 점은 휠체어를 사용하는 지체장애인이라는 점이다. 이제 막 자취를 시작한 경진 씨가 활동지원서비스로 청소 도움을 받으려면 퇴근 후 빨리 집에 돌아가야 한다. 놀고 싶은 것도, 만나야 할 사람도, 하고 싶은 것도 많을 이십 대 청년 경진 씨가 원하는 삶은 아닐 것이다. 직접 청소하기 어려운 장애인이니, 도움을 받으려면 그 정도 불편은 감수해야 하는 게 맞는 것일까. 애초에 제도를 설계할 때 좀 더 세심하게 고민해서 만들었다면 어땠을까.

일이 잘되지 않았다고 전하자, 늘 점잖고, 인자한 미소가 매력적이던 활동지원사 선생님이 돌변했다. 고래고래 소리를 지르며 내게 비수를 날리기 시작했다. 사회복지사가 되어서 일을 쉽게 할 생각밖에 없냐, 그 자리에서 월급 받으며 하는 일이 고작 이거냐, 이런 일도 해결하지 못하면서 왜 사무실에 앉아 있냐, 제도가 잘못됐으면 가서 싸워야지 그냥 알겠다고 물러나는 게 사회복지사가 할 일이냐. 우산 없이 나갔다가 느닷없이 폭우를 만난 기분이었다. 억울했다. 반박하고 싶었지만, 정신없이 쏟아지는 융단 폭격에 정신이 멍해져 아무 말도 하지 못했다. 몇 시간 뒤 활동지원사 선생님은 내게 정중히 사과했다. 경진 씨를 생각하니 너무 속상해서 자기도 모르게 흥분했다고. 미안하다고. 활동지원사의 사과에도 마음은 좀처럼 편해지지 않은 이유는 나를 향해 쏟아지던 날 선 말들이 아예 틀린 말은 아니었기 때문이다.

생각할수록 점점 화가 났다. 그런데 이 화를 누구에게 쏟아부어야 하는지 알 수 없어 더 화가 났다. 내게 폭언을 퍼부은 60대 활동지원사? 아니면 가능성을 고민해 보지도 않고, '안타깝지만'을 연발하며 거절한 9급 공무원? 아니. 나의 분노는 그들을 향해있지 않았다. 나는 알지 못하는 어떤 집단에 화가 났다. 누군가의 삶에 너무도 중요한 제도를 이토록 허술하고, 무성의하게 만든 집단. 청년 장애인이 활동지원서비스로 청소 지원을 받지 못한 일이 아쉽긴 하겠지만, 뭘 그렇게까지 삶까지 들먹이며 분을 낼 일인가 의아할 수도 있겠다. 그런데 활동지원서비스 운영 지침이 막고 있던 건 경진 씨의 청소만이 아니었다.

활동지원사는 '장애인 활동 지원에 관한 법률'에 명시된 업무만 수행할 수 있다. '석션'[3] 같이 장애인의 생명을 유지하는데 필수적인 기초의료행위는 의료법상 불법이라 원칙적으로 제공할 수 없다. 다만, 가족들이 함께 있는 상황에서는 제한적으로 가능하다. 그러니 불법을 저지르지 않고 지침을 지키려면, 석션이 필요한 장애인의 가족은 활동지원사가 있음에도 위급 상황에 대비해 24시간 내내 장애 당사자 곁에 있어야 한다. 이것은 현실적으로 불가능하고, 부당한 일이다. 이미 여러 곳에서 이러한 문제를 제기하며 법 개정을 촉구하고 있지만, 아직 뚜렷한 변화는 없다. 활동지원서비스는 장애 당사자의 삶뿐 아니라, 돌봄의 국가책임을 강화하고, 장애인 가족의 돌봄 부담을 완화해 그들의 삶의 질이 좀 더 나아지도록 돕기 위해 만들어진 제도이다. 그러니 일상에서 수시로 행해지는 기본적인 의료 행위는 정식 훈련을 받은 돌봄 인력이 제공할 수 있도록 법과 운영 지침이 개정되어야 하지 않을까.

　　소식을 전해 들은 경진 씨의 목소리에서 실망감이 느껴졌다. 그러나 그녀는 금방 체념하며 말했다. "할 수 없죠. 알겠습니다." 차라리 활동지원사처럼 길길이 소리를 치며 화를 냈다면, 보건복지부나 구청에 민원을 넣어보라고 은근히 부추겨 볼 작

---
[3] Suction : 기도에 막힌 가래를 흡입하는 기초의료행위

정이었다. 그러나 경진 씨는 의외로 너무 쉽게 포기했다. 그녀의 빠른 포기가 나를 더 씁쓸하게 했다.

운영 지침이나 규정은 물론 중요하다. 그러나 아무리 생각해도 그것들이 장애 당사자의 권리와 선택보다 중요할 수는 없다. 사람들이 살아가는 모습은 저마다 제각각이고 다채로운데, 활동지원서비스 운영 규정이 정한 장애인의 삶은 어째서 이토록 밋밋하고 단조로울까. 사람을 위해 법이나 제도, 규정이 있는 것인데, 그런 것들이 좀 더 말랑말랑해지면 좋겠다. 그래서 저마다 다른 사정을 가진 사람들의 가지각색 삶을 지금보다 다정하게 받아주면 좋겠다.

부디 너무 늦지 않게 법 개정이 이루어지기를, 그리고 그 과정에서 장애 당사자와 가족들의 다양한 상황과 삶이 반영되기를 간절히 바라본다.

형우 씨 이야기

서른 초반의 형우 씨는 수줍음 때문인지, 건장한 체격과 어울리지 않게 언제나 들릴 듯 말 듯 작은 목소리로 얘기했다.

2020년에 이루고 싶은 꿈이 있으세요?

결혼이요. 다른 꿈은 없어요.

차라리 병원비나 생계비가 필요하다고 하면, 어떻게든 방법을 찾아보겠지만 결혼이라니. 질문을 조금 바꿔 다시 물어봐도, 형우 씨의 대답은 한결같았다. 이참에 복지관에서 장애 청년들을 위한 데이트 프로그램을 만들어야 하는 건지 심각하게 고민이 됐다.

　형우 씨가 복지관에 처음 온 건 2019년의 여름이었다. 고시원에서 혼자 살며, 공사현장에서 일용직으로 일하던 형우 씨는 어느 날 현장에서 일하다 몸을 다쳤다. 한동안 일을 나가지 못해서 먹고 살길이 막막해진 형우 씨는 절박한 심정으로 구청에 찾아가 도움을 요청했고, 당시 구청 담당자는 동주민센터와 복지관에 빠르게 의뢰서를 보냈다. 무연고 지적장애인으로 등록되어 있던 형우 씨는 어렵지 않게 기초생활보장 수급자로 선정되었고, LH 전세 임대주택으로도 비교적 빨리 이사할 수 있었다.

　형우 씨는 어릴 적 지방 보육원에서 자랐다. 부모님이나 가족에 대한 기억은 없다고 했다. 보육원을 제외하고는 도움을 받을 사람은커녕, '그냥 아는' 사람조차 없었다. 형우 씨가 보육원을 나올 당시에는 자립 청년을 지원하는 제도가 거의 없는 시절이었다. 19세가 되면 준비 여부와 관계없이 보육원을 나와야 했다. 형우 씨는 그렇게 원치 않는 자립을 했다. 보육원 퇴소 당시 시설에서 소개해 준 기숙사형 공장에 들어가 일을 했지만, 공장은 얼마 지나지 않아 폐업했다. 형우 씨는 생계를 위해 공사현장을 전전하며 일용직으로 일했다. 아는 사람 하나 없는 낯선 도시에서 형우 씨는 많이 외로웠다고 했다.

그러던 어느 날 우연히 길에서 아는 사람을 만나게 됐다고 했다. 그는 같은 보육원에서 자란 J였다. J는 형우 씨에게 반갑게 인사하며 같이 놀러 가지 않겠냐고 제안했다. 사람이 그리웠던 형우 씨는 J가 반가웠다. 더 이상 혼자가 아닌 것 같았다. 그러나 J는 곧 형우 씨에게 돈을 빌려달라고 했고, 핸드폰 개통을 부탁했다. 취직해서 월급을 타면 바로 갚겠다는 J의 말을 형우 씨는 의심하지 않고 믿었다. 그때부터다. 형우 씨의 삶이 엉킨 실타래처럼 꼬여버린 것이. J는 돈을 갚지 않은 건 물론이고, 그보다 더한 짓을 형우 씨에게 저질렀다. 약한 사람들의 등을 쳐먹고 사는 일당에게 형우 씨를 넘긴 것이다. 형우 씨는 일 년 가까이 그들과 함께 지냈다. 그들은 형우 씨를 이리저리 데리고 다니며, 온갖 나쁜 짓을 했다. 형우 씨는 당시 상황이 어떻게 돌아가는지 정확히 알지 못했지만, 뭔가 잘못됐다는 느낌은 들었다. 도저히 더는 버티기 어렵다고 생각한 형우 씨는 몰래 도망쳤다.

의논할 사람이 없었어요. 아무도 없었어요. 그게 제일 힘들었어요.

가까스로 일당에게 벗어났지만, 그것이 끝이 아니었다. 만져보지도 못한 큰돈이 형우 씨 이름으로 대출된 뒤 장기간 연체되어, 대출금을 상환하지 않으면 압류하겠다는 살벌한 예고장과 독촉 문자들이 쉴 새 없이 날아왔다. 형우 씨는 사기 피해자로 돈을 갚을 의무가 없음에도, 가해자들의 이름조차 기억하지 못해 경찰에 신고하지 못했다. 가해자들은 형우 씨의 이런 점을 이용했다. 나는 형사도 변호사도 아니지만, 어떻게든 방법을 찾아야 했다. 서민을 위해 무료로 채무 상담을 해주는 금융복지상담센터에 전화해 형우 씨의 사정을 얘기하니, 현재 근로하고 있지 않고, 등록 장애인이니 개인 파산을 신청하는 게 최선이라고 했다. 며칠 뒤 형우 씨와 금융복지상담센터에 직접 방문해 상담을 받았다. 상담관은 개인 파산과 면책 판결을 받는 과정이 길고, 제출해야 하는 서류가 많다고 했다. 서류 준비는 사회복지사인 내가 옆에서 거들면 되지만, 먼저 개인 파산을 할 것인지 결정은 당사자인 형우 씨의 몫이었다. 형우 씨에게 최대한 개인 파산에 대해 쉽게 설명하며 어떻게 하고 싶은지 물어보자, 빚 독촉에서 벗어날 수 있다면 한번 해보고 싶다고 했다. 그동안 형우 씨가 표현은 많이 하지 않았어도, 각종 통지서와 독촉장에 꽤나 스트레스를 받은 모양이었다.

그날부터 우리는 금융복지상담센터 상담관의 안내에 따라 각종 채무 관련 서류를 떼러 은행과 카드사, 관공서 등을 부지런히 방문했다. 첫 상담에서 상담관이 예고했듯 제출해야 할 서류들은 끝이 없었고, 발급 과정이 복잡하고 까다로운 서류들도 여럿 있었다. 내 인생에서 그렇게 많은 서류를 떼어 본 건 그때가 처음이었다. 그래도 형우 씨와 나는 한 달 넘게 공을 들여 필요한 서류들을 차근차근 준비했다. 그리고 수많은 서류에서 확인한 형우 씨의 최종 빚은 8천만 원이 조금 넘는 금액이었다. 운전면허도 없는 형우 씨는 에쿠스 차량의 소유자였고, 핸드폰 대리점의 대표였다. 서류만 봐도 욕이 나오고 분노가 치밀었다. 어떻게 이렇게까지 사기를 칠 수 있는 건지, 한숨과 분노가 수시로 밀려왔다. 같은 나라 국민으로 살고 있는데, 어떻게 형우 씨가 살아온 세상은 이토록 무법천지인지. 그래도 계속 화만 내고 있을 수는 없었다. 마지막으로 판사에게 제출할 진술서(채무 발생 증대와 지급불능 경위서)를 작성해야 했다. 형우 씨와 나눈 이야기들을 토대로 A4용지 세 장 분량의 호소문에 가까운 진술서를 작성했다. 기억하고 싶지 않을 끔찍하고 억울한 일들이 형우 씨 삶 곳곳에 있었다. 그의 억울한 사정이 조금도 덜어지지 않고, 판사에게 온전히 전해지길 바라는 마음으로 문장 하나, 단어 하나 신경 써서 꼼꼼히 작성했다. 그렇게 개인 파산 서류 접수를 마무리하고, 이제 기다리는 일만 남아 있던 어느 날 형우 씨에게 연락이 왔다.

문자가 왔는데, 무슨 내용인지 모르겠다고 복지관에서 만나 함께 확인해 보기로 했다. 다음 날 아침 일찍 형우 씨가 사무실로 왔다. 문자의 내용은 이러했다. 자동차 보험 사기에 대한 판결이 났으니, 벌금 2백만 원을 내야 하고, 벌금을 내지 않으면 바로 공개수배가 되어 체포될 수 있으니 꼭 기한 내에 벌금을 내라는 것. 개인 파산면책 신청이 끝난 지 며칠 되지 않았는데, 이건 또 무슨 일인지. 나는 일단 해당 문자의 발신처인 검찰청에 전화해 형우 씨의 상황을 설명하며, 감면이나 면제를 받을 수 있는지 물었다. 담당자는 사정은 딱하지만, 판결이 내려졌기 때문에 벌금은 무조건 내야 한다고 했다. 그나마 먼저 40만 원을 내면 남은 벌금에 대해 분할 납부 신청을 할 수 있으니 내일까지 꼭 40만 원을 현금으로 내라고 알려줬다. 내일까지라니. 기한이 너무 촉박했다. 급하게 팀에 내용을 공유하고, 형우 씨에게도 상황을 설명했다. 그런데 형우 씨의 반응이 나를 맥 빠지게 했다.

돈 못 내면 그냥 살다 나올게요.

잘살아보자고, 여태 여러 사람이 함께 애를 썼는데, 그냥 교도소에 들어갔다 나오겠다니. 40만 원을 어디서 구하나 걱정하던 나는 형우 씨의 태도가 못마땅했다. 그러나 실망하고 있을 시간이 없었다. 일단 형우 씨에게 현재 통장에 가진 돈이 얼마인지 물어봤다. 얼마 전 지급된 코로나19 생활지원금이 있으니 여윳돈이 있을 것 같았다. 그러나 형우 씨는 이미 해당 지원금을 다 써버렸다고 했다. 평소 생활비보다 많은 금액인데 이렇게 빨리 어디에 썼는지, 혹시 또 누군가에게 사기를 당한 건 아닌가 걱정이 돼서 물어보니, 그동안 먹고 싶었는데, 못 먹었던 것들을 사 먹느라 다 썼다고 했다. 사기를 당한 게 아니니 그나마 다행이었다. 형우 씨는 지금 통장에 딱 10만 원이 있는데, 월세 낼 돈이라고 했다. 월세는 다음 수급비가 입금되면 내기로 하고, 일단 그 돈을 벌금 납부에 사용하기로 했다.

부족한 30만 원은 어디서 구할지 쉴 새 없이 한숨을 내뱉고 있는데, 형우 씨의 자립생활을 돕고 있던 동료(지원주거서비스 담당자)가 최근 형우 씨가 다니기 시작한 교회 목사님에게 도움을 요청해 보면 어떻겠냐고 의견을 냈다. 형우 씨가 다니는 교회는 지역에서 꽤 규모가 있는 교회였고, 평소 장애인 지원을 열심히 하는 곳이었다. 역시 머리를 맞대니 길이 보였다. 동료는 즉시 목사님에게 연락해 형우 씨의 사정을 알렸다. 목사님은 길게 묻지도 않고, 내일 아침까지 현금 30만 원을 준비하겠다고 했다. 생각지도 못한 곳에서 도움을 받게 되자, 나와 동료들은 감격했다. 다음 날 목사님은 아침 일찍 30만 원을 동료에게 주었고, 형우 씨도 약속대로 10만 원을 현금으로 찾아와 내게 건넸다. 그렇게 모인 40만 원을 조심스럽게 봉투에 넣고 그 길로 바로 형우 씨와 검찰청에 방문해 분할 납부를 신청했다. 돌아오는 길에 나는 형우 씨에게 당부를 가장해 잔소리했다. 잘해준다고 아무나 믿으면 안 된다고, 세상엔 좋은 사람들도 많지만, 나쁜 사람들도 많으니 항상 조심해야 한다고. 형우 씨는 가만히 고개를 끄덕이며 내 얘길 듣고 있다가, 평소처럼 작은 목소리로, 그러나 차분하게 또박또박 말했다.

이제 괜찮아요. 의논할 사람들이 있으니까. 고마워요.

검찰청에 분할 납부를 신청한 뒤, 형우 씨는 6개월 동안 한 번도 밀리지 않고 성실히 벌금을 냈다. 그리고 이듬해 봄 드디어 개인 파산면책 신청이 최종 통과되었다. 수급자에서 탈락해도 취직해서 돈 벌고 싶다던 형우 씨는 복지관 취업 알선 서비스로 바라던 직장인이 되었다. 뭔가 앞으로는 행복한 일들만 있을 것 같았지만, 이후에도 크고 작은 일들이 형우 씨 삶에 있었다. 그러나 이전과는 분명 달랐다. 형우 씨의 말처럼 이젠 형우 씨 혼자가 아니라, 의논할 누군가가 주변에 있었다. 물론 그 누군가가 형우 씨가 그토록 바라는 결혼 상대자는 아니었지만. 잔소리하는 복지관 사회복지사, 교회 목사님, 직업훈련반 친구들, 회사 동료들이 형우 씨 주변에 아주 가깝지도, 그렇다고 아주 멀지도 않은 거리에서 형우 씨를 지켜보고 있었다. 넘어져도 크게 다치지 않도록, 다시 툭툭 털고 일어날 수 있도록 지켜보고, 필요할 때 손을 내밀었다.

    나는 고민이나 어려운 일이 생길 때 의식적으로 이런 생각을 한다. 누구의 삶에나 문제는 있기 마련이고, 문제는 풀면 된다. 혼자 풀기 어려우면 다른 사람들에게 도움받아가며 함께 풀어도 된다. 그럼에도 해결할 수 없는 일들은, 그만 포기하고 다른 길을 찾아보면 될 일이다. 내가 여태 그렇게 살아 지금 여기에 있는 것처럼, 형우 씨도 그렇게 살아갈 것이다.

구해줘 홈즈

 문밖을 나서면, 바로 숨이 턱턱 막히는 뜨거운 여름이었다. 보증금 9천만 원짜리 전세 주택을 찾기 위해 오전부터 부동산 사이트를 뒤지고, 오후 내내 발품을 팔며 돌아다녔지만, 소득이 없었다. 어딜 가든 비슷한 소리를 들었다. "요즘 9천만 원으론 집 구하기 힘들어."

 희망고시원 302호. 용진 씨의 집. 공포영화 세트로 사용해도 무방할 만큼 어둡고 을씨년스러웠던 곳. 허름한 계단을 올라가, 해가 들지 않아 캄캄한 복도를 지날 때면 등골이 오싹했다.

복도 중간에 있는 공용 화장실에는 어찌 된 일인지 출입문이 없었다. 힐끗 보니, 곰팡이와 찌든 때가 입구부터 창궐해 있었다. 화장실에서 뿜어 나오는 악취가 고시원 전체에 암세포처럼 퍼져 사람들의 정신을 병들게 하는 것만 같았다. 용진 씨의 방은 바로 그 화장실 옆에 있었다. 똑똑 문을 두드린 뒤, 방문을 열면 퀴퀴한 담배 냄새와 불쾌한 지린내가 훅하고 덮쳤다. 오래된 휴대용 라디오와 구형 핸드폰, 찌그러진 양은 냄비와 라면, 햇반과 참치 통조림 등이 어지럽게 바닥에 널브러져 있었다. 50대 후반인 용진 씨는 그 방에서 8년째 밥을 먹고, 라디오를 듣고, 잠을 잤다. 나는 밑반찬이 담긴 검정 봉지를 건네며, 드시고 싶다던 깍두기가 없어서 무생채를 대신 가지고 왔다고 했다. 아침은 드셨냐고 묻자, 용진 씨는 언제나 그렇듯 짧게 "네"라고 말한 뒤, 지금이 아침인지, 밤인지 물었다. 고시원 작은 방에서 보내는 용진 씨의 하루가 얼마나 빠른지 아니면 얼마나 더딘지 나는 알 수 없었다. 2주 뒤에 다시 오겠다는 말만 남기고, 도망치듯 그곳을 빠져나오며 생각했다. 이사를 해야 해. 이사를.

 용진 씨를 처음 만난 건 2020년 4월. 시각장애인인 용진 씨는 젊은 시절 건설 현장에서 일하다 눈을 다쳤다. 제때 치료를 받지 못해 시력을 잃었고, 지금은 빛 구분만 가능하다. 장애 등록을 한 지 꽤 오래되었는데, 지금껏 국가에서 장애인을 위해 마련한 제도를 하나도 이용하고 있지 않아 이유를 물어보니, 그런 게 있는지 몰랐다고 했다. 우리나라는 복지 서비스를 이용하려면 본인이나 보호자가 직접 신청해야 한다. 스스로 신청할 수 없거나, 도움을 받을 수 있는 가족이나 지인이 없으면 서비스가 있어도, 이용하지 못한다. 이렇게 멍청하고 이기적인 시스템 때문에 고통받는 사람들이 매년 발생하는데도 바꿀 생각을 하지 않는다.

용진 씨에게 올해 가장 바라는 게 무엇인지 물으니 이사를 하고 싶다고 했다. 고시원에서 벗어나, 사람답게 살고 싶다고. 용진 씨의 꿈을 이루기 위해 먼저 동주민센터에 방문해 SH(서울주택공사) 주거 취약계층 임대주택 지원 사업을 신청했다. 또, 활동지원서비스와 택시 지원도 함께 신청했다. 돕는 사람이 한 명만 있었어도 모두 하루에 신청할 수 있는 것들이었다.

3개월 뒤, 임대주택 지원 결정 통보를 받고 드디어 집을 구하러 나섰다. 용진 씨는 건강 문제로 함께 다닐 수 없었다. 9천만 원[1] 전세 주택을 찾는 게 관건이었다. 청년임대주택 정책이 새롭게 도입되며 대부분의 전세 주택 가격이 1억 2천만 원 이상으

---
[1] SH(서울주택공사) 2020년 전세임대주택 기존주택 지원 기준 금액

로 올라 가격에 맞는 집을 찾기가 예전처럼 쉽지 않았다. 어렵게 9천만 원 이하로 나온 집이 있어 가보면, 해가 들어오지 않는 지층이거나, 비탈길을 한참 올라가야 도착할 수 있는 열악한 곳이었다. 보행 훈련을 받지 않은 중도 시각장애인인 용진 씨가 생활하기에 적합하지 않은 곳들이 대부분이었다. 기적처럼 평지에 위치하고, 세탁기와 에어컨 등 가전제품이 옵션으로 갖춰져 있는 원룸형 신축 빌라를 발견했지만, 융자가 기준 이상 걸려 있어 SH 지원을 받을 수 없었다. 그런데 9천만 원보다 더 큰 난관이 기다리고 있었다. 그건 바로 용진 씨의 장애였다. 어렵사리 9천만 원 이하의 그나마 괜찮은 전세 주택을 발견해도, 집주인을 설득하지 못했다. 거절의 이유는 한결같았다. "눈도 안 보이는데, 혼자 있다가 불이라도 나면 어쩌려고. 시설에서 살아야지, 왜 위험하게 혼자 살려고 해." "지금도 혼자 사시는 데 라면도 직접 끓여 드시고, 여태 화재 사고 한 번도 없었어요. 그리고 도움 주실 분(장애인활동지원사)이 매일 오셔서 청소나 요리를 해 주실 거예요. 가스레인지는 아예 사용하지 않고, 전자레인지와 인덕션만 쓸게요. 저도 신경 써서 자주 방문할 거니 너무 걱정하지 않으셔도 돼요." 필사적으로 사정하고 설득하고 연민에 호소해 봤지만 돌아오는 대답은 "NO"였다. 자포자기 상태가 되어 복지관에 돌아오면, 과연 집을 구할 수 있을지 먹구름처럼 회의감이 몰려왔다. 문제는 던져졌는데, 도무지 답을 찾을 수 없어 막막했다. 사정을 모르는 용진 씨는 매일 같이 전화해 나를 쪼았다. "집 구했어요?" "언제 이사 가나요?" "아직도 못 구했어요?" 기다림의 시간이 길어질수록 용진 씨도 점점 지치는지 조금씩 말투에서 불만이 느껴졌다. 나는 더더욱 초조해졌다.

코로나19 상황은 갈수록 심각해지고 있었다. 복지관은 외부인의 출입을 통제하고, 긴급상황을 제외하고는 대면 상담도 중단했다. 마지막이라 생각하고 무리해서 길을 나선 날, 여느 날과 다름없이 부동산 여러 곳을 돌았지만, 아무런 소득도 얻지 못했다. SH 임대주택, 9천만 원이라는 말을 듣는 즉시 고개를 돌리고 시선을 피하는 사람들로 인해 마음에 상처만 입었다.

이젠 나도 정말 어쩔 수 없다고 생각하며 마지막으로 들른 부동산에서 예상치 못한 일이 발생했다. 보증금 예산을 듣고 역시나 별 관심을 보이지 않던 사장님은 내가 한숨을 쉬며 "시각장애인이 살 집을 구하고 있는데 정말 구하기가 어렵네요"라고 푸념하듯 말하자, 갑자기 관심을 보이며, 보여 줄 집이 하나 있다고 했다. 주인이 재개발을 염두에 두고 사 둔 주택인데, 자신에게 관리를 다 맡기고 있어서 얘기만 잘하면 가능성이 있을 거라고 했다. 빨간색 마티즈를 타고 집을 보러 가는 길에 사장님은 자기 이야기를 들려주었다. 남편이 아파 한동안 고생을 많이 했었다고 병원비가 없어 절망에 빠져있었는데, 누군가의 도움 덕분에 다시 일어설 수 있었다고. 한번 그렇게 힘든 일을 겪어보니 다른사람의 아픔도 보인다고. 받은 은혜를 돌려주며 살아야 한다고. 그리고 마지막으로 자신은 사장이 아니라 실장이라고. 그동안 땡볕에 부동산을 돌아다니며 받았던 무시와 냉대가 오늘의 이 호의 한 방으로 모두 퉁 쳐 사라지는 기분이 들었다. 혹 이번 일이 잘 풀리지 않더라도 괜찮았다. 다시 시작해 볼 용기가 생겼다. 감동의 이야기를 들으며 도착한 집은 위치와 공간 모두 평균 이상이었다. 이제 집주인을 설득할 일만 남았다. 부동산 실장님은 내일까지 연락을 줄 테니 돌아가서 기다리라고 했다.

복지관으로 돌아와, 바로 용진 씨에게 전화해 오늘 있었던 일들을 공유하며 곧 이사할 수 있을 것 같다고 했다. 그런데 당연히 좋아할 줄 알았던 용진 씨의 반응이 시큰둥했다. 집에 대해서는 묻지도 않고, 대뜸 "선생님, 내가 예전에 노벨상을 탔던 사람이에요. 알고 있죠?" 순간 짧게 정적이 흘렀다. 분명 무슨 말을 듣긴 했는데, 도무지 그 말의 의미를 알 수 없어 당황했다. "노벨상이요?? 하하하(멋쩍은 웃음). 그런데 오늘 보고 온 집이." "선생님, 지금 나 못 믿는 거예요? 인터넷에 한 번 찾아봐요. 내가 노벨상 탄 거, 인터넷에 다 나오니까!" 대답할 틈도 주지 않고 용진 씨는 그대로 전화를 끊어버렸다. 다시 전화를 걸었지만, 받지 않았다.

부동산 실장님은 정말 주인을 설득했다. 계약할 사람이 시각장애인이고 혼자 산다는 말을 들은 집주인이 처음엔 단박에 거절했지만, 실장님이 책임지고 매일 들여다보겠다고 약속해 겨우 승낙받았다고 했다. 실장님은 집주인 마음이 바뀌기 전에 얼른 계약하자고 했지만 용진 씨와 계속 연락이 되지 않았다. 딱 한 번 전화 연결이 됐는데, "다시는 전화하지 마세요. 찾아오지도 말고."라고 말한 뒤 전화를 끊어버렸다. 내 번호로 걸면 받지 않는 것 같아, 동료의 전화로 걸어봤지만, 소용없었다. 며칠 뒤 고시원에 연락해보니, 용진 씨가 이미 방을 빼서 나갔다고 했다. 어디로 갔는지 아는 사람은 아무도 없었다. 아무래도 이상해서, 관내 정신건강복지센터에 확인해 보니, 3년 전쯤 용진 씨 상담 의뢰 기록이 있다고 했다. 의뢰 이유는 망상과 환청, 환시. 당시 상담 예약을 한 뒤, 연락이 되지 않아 상담이 취소됐다고 했다.

누군가는 이렇게 말했다. 집을 계약하기 전에 정신질환이 발견되어 다행이라고. 그런 상태에서 혼자 살게 됐다면 위험했을 거라고. 완전히 틀린 말은 아니지만, 그렇다고 완전히 맞는 말도 아니었다. 정신질환이 있다고 다 위험하지는 않으니까. 나는 용진 씨의 망상과 환청이 어느 정도 이해되었다. 희망고시원 302호, 그 더럽고 비좁은 감옥 같은 방에서 용진 씨는 하루를 어떻게 버텨냈을까. 망상이나 환청이 오히려 용진 씨를 죽지 않고 살게 한 건 아닐까. 좀 더 깨끗하고, 안전한 주거 공간에서 살며, 정기적으로 병원 치료를 받으면 그러한 증상들도 완화될 수 있을 것이다.

몇 달 뒤, 용진 씨의 아는 형이라는 사람에게서 불쑥 전화가 왔다. 용진 씨가 현재 중랑구에 거주하고 있다고, 여전히 고시원에 살며 이사를 원한다고. 자신은 출근해야 하는데, 용진 씨가 옆에 와 있어 곤란하다며, 중랑구에서 도움을 받는 방법을 알려달라고 했다. 직접 용진 씨와 통화해 보겠다고 했지만, 받지 않을 거라 했다. 혹시 은평구를 떠난 이유와 내 연락을 피하는 이유를 알고 있는지 묻자 모르겠다고 했다. 나는 최대한 파악할 수 있는 정보들을 꼼꼼히 정리해 용진 씨의 아는 형에게 전달했다. 그리고 몇 달째 미루고 있던 일을 수행했다. 복지관 시스템에 접속해 '박용진'을 검색하고 '종결' 버튼을 누르는 일.

문만 나서면 숨이 턱턱 막히는 계절이 되면 부동산을 돌며 9천만 원 전셋집을 구하러 다니던 그때의 여름이 생각난다. 어덥고 냄새나던 고시원과 깍두기가 먹고 싶다던 용진 씨도. 용진 씨는 중랑구에서 그토록 바라던 이사를 했을까. 사람답게 살고 싶다던 그의 꿈은 마침내 이루어졌을까. 만약 그때 내가 노벨상 수상에 대해 가만히 듣고 있었다면, 용진 씨는 은평구를 떠나지 않았을까. 빨간색 마티즈를 타고 다니던 마음씨 고운 부동산 실장님과 좋은 이웃이 될 수 있었을까. 대답해 줄 사람은 없는데, 질문만 계속 이어진다.

장애가 내게 가르쳐 준 것들

　나의 두 번째 직장은 서울 근교에 있는 장애인복지관이었다. 사회복지사가 되어 처음으로 일한 곳이자, 직장인으로 가장 오래 근무한 곳이기도 하다. 그곳에서 근무하던 시절에 나는 결혼을 하고, 아이를 낳았다. 나의 삼십 대 인생의 대부분이 그 안에서 혹은 그 곁에서 만들어지고 흘러갔다.

　대학원을 졸업하고 처음 복지관에 입사했을 때, 나는 얼마간 물에 섞이지 않는 기름처럼 둥둥 떠다녔다. 우주선을 타고 날아가다 낯선 행성에 불시착한 것처럼, 이전까지 평범한 지구인으로 살다가 일순간 외계인이 된 것처럼 당황스럽고 멀뚱멀뚱한 기분이었다. 그만큼 장애인복지관은 이전에 내가 보고, 듣고, 발붙이며 살았던 세계와는 전혀 다른 세상이었다. 민간기업에서 5년간 근무하다, 별안간 사회복지사가 되어 복지관에서 일을 해보니 사소한 것 하나하나까지 모두 낯설고 이상했다.

그중에서도 가장 큰 문화 충격은 '장애'라는 세상이었다. 복지관에 입사하기 전까지 장애인을 제대로 만나 본 적이 없었다. 길을 지나가다 우연히 장애인을 보거나, 방송에서 본 것이 전부였다. 장애인과 마주 앉아 대화하고, 뭔가를 함께 해본 것은 복지관에 입사해서가 처음이었다. 서른 넘은 사람이 살면서 장애인을 제대로 만나 본 적이 없다는 사실이 얼마나 이상한 일인지, 그리고 그것이 철저히 비장애인 중심으로 이루어진 사회 구조 때문인지 그때는 알지 못했다. 장애인복지를 위해 일하겠다고 입사한 사람이 장애에 대해 철저히 문외한이었다니, 당시 나를 '선생님'이라 부르며 도움을 요청했던 분들에게 사과라도 하고 싶다.

사회복지사로서는 완전 초짜인 나는 비슷한 시기에 입사한 사회초년생 동기들보다 예닐곱 살은 많았고, 또래 동료들과는 직급과 경력에서 차이가 났다. 나이와 직급, 경력의 차이는 은근히 보이지 않는 벽을 만들었다. 누가 일부러 만든 벽은 아니었지만, 분명한 벽이 당시 나와 사람들 사이에 존재했다. 실은 사회복지사가 되어야겠다고 마음을 먹고 첫 번째 직장을 그만뒀을 때, 이런 것들까지는 미처 예상하지 못했다. 그저 전쟁터 같은 회사를 그만두고, 대학원에 진학하여 공부하고 사회복지사가 되면 모든 게 평화롭고 순조롭게 흘러갈 것으로 생각했다. 지금 생각해도 이해되지 않을 만큼 순진하고 무지한 시절이었다. 당연히 복지관과 사회복지사라는 직업은 생각했던 것처럼 평화롭고 아름답지만은 않았다.

서른셋, 나이 많은 1호봉 신입 사회복지사. 월 급여 200만 원(세금 떼면 그 이하). 뒤로 몸을 젖히고 기지개를 켤 수조차 없게 비좁고 낡은 사무실. 그것이 내가 새롭게 발 디딘 현실이었다. 적잖이 실망하고 후회도 했다. 그러나 당시에는 누구에게도 말할 수 없었다. 가까운 사람 중 누구도 나의 도전을 힘껏 응원해 주지 않았기 때문이다. 그중 엄마는 단연 최고였다. 드라마의 한 장면처럼 넥타이를 이마에 묶고 여러 날을 드러누워 회사를 그만두지 말라고 결사적으로 반대했었으니. 그러므로 나는 실망하고 후회하면 안 되었다. 절대로. '돈은 적게 벌지만, 마음은 편해. 난 괜찮아. 정말이야. 진짜야.' 실망과 후회를 들키지 않기 위해 나 자신까지도 속였던 날들이다.

그러나 그런 실망과 후회 속에서도 나는 점점 새로운 환경에 적응했다. 새집으로 이사하면 그 집이 진짜 내 집, 내 공간으로 느껴지기까지 얼마간 시간이 필요한 것처럼 나 역시 그런 시간이 필요했다. 처음에는 어색해서 두렵기까지 했던 가정방문과 상담도 여러 번 반복하니 조금씩 익숙해졌다. 무엇보다 다양한 장애인과 그들의 가족들을 만나 이야기하며 세상을 바라보는 시야가 넓어졌다. 아니 달라졌다. 그동안 보지 못했던 것들이 보이기 시작했고, 전혀 관심 없던 것들에 눈길과 생각이 쏠렸다. 세상에는 이토록 다양한 개성들과 다양한 삶이 존재한다는 것을 그전에는 알지 못했다. 내가 사는 21세기 대한민국이 그러한 다양한 개성과 삶을 충분히 존중하고 환대하지 못한다는 것도 알지 못했다. 만나지 않으면 알 수 없고, 알지 못하면 이해할 수 없다. 장애도 그렇다.

서른 초반의 왕초보 사회복지사, 복지관 부적응자였던 나는 10년간 장애인복지 현장에서 장애 당사자와 가족들 그리고 동료들과 지지고 볶고 울고 웃으며 더디지만 매일 조금씩 자랐다. 물론 가끔 후퇴와 방황도 했지만. 학교에선 배우지 못한 것들을 그들과 함께하며 배웠다. 섣불리 누군가의 삶을 판단하고 마음대로 불쌍히 여기면 안 된다는 것을, 장애 유형이나 진단서, 상담일지 몇 줄로 다 설명할 수 없는 게 사람이고 인생이라는 것을, 다른 사람들의 눈에는 불행하게만 보이는 삶에도 웃음이 있고, 반짝반짝 빛나는 기쁨과 충만한 행복이 있다는 것을.

얼굴뿐 아니라 뒤통수에도 눈이 달린 외계인의 관점에서 지구에 사는 장애인과 비장애인은 얼마나 다를까. 아마 그들이 보기엔 눈이 얼굴에 두 개만 있는 지구인 모두가 다 장애인으로 보이지 않을까.[1] 얼마나 다르고, 얼마나 같은지는 어떤 시선으로 보느냐에 따라 달라진다. 그러니 이제 장애와 비장애로 사람을 나누고, 구분하는 건 그만해도 되지 않을까.

장애인이든 비장애인이든 애초에 사람은 모두 다르다. 얼마나 다른지 단 한 사람도 나와 같은 사람은 없다. 심지어 내 아이도 나와 닮은 구석이 있지만, 나와는 완전히 다른 존재다. 생각과 감정, 나이와 피부, 체격, 성별, 종교, 살아가는 모습 모두 다 제각각이다. 그래서 타인과 함께 사는 건 원래 불편하다. 불편한 게 당연하다. 하지만 그 불편으로 오히려 나와 타인을 이해하고, 함께 살아가는 법을 배우게 된다. 우리가 조금 더 나와 타인의 불편을 민감하게 감지하고, 왜 불편한지 이유를 알아보고, 서로가 조금 덜 불편하게 같이 살아갈 방법을 계속 찾는다면, 장담하는데 세상이 지금보단 분명 꽤 멋지고 다정하게 변할 것이다. 정말이다.

---
1) 『보이거나 안 보이거나』, 요시타케 신스케, 토토북

작가의 말

장애인복지 현장에서 10년을 일했지만, 여전히 장애를 잘 알지 못한다. 그래서 장애를 주제로 글을 쓰는 일이 어렵다. 잘 알지도 못하면서 아는 척을 하게 될까 봐, 내 서툰 생각과 부족한 문장이 오히려 장애에 대한 오해나 편견을 부추기게 될까 봐 두렵다. 애당초 쓰지 않으면 하지 않아도 될 걱정과 두려움이다. 그럼에도 내가 보고 듣고 느끼고 알게 된 세상과 사람들에 대해 글을 쓴다. 단어 하나, 문장 한 줄 시원하게 써지지 않는데도 꾸역꾸역 쓴다. 이유는 분명하다. 더 많은 사람이, 더 많은 장소에서 장애를 이야기하게 되길 바라기 때문이다.

몇 해 전 방영됐던 JTBC 드라마 '나의 해방일지'의 주인공 미정은 자신의 인생이 구씨를 만나기 전과 후로 나뉜다고 했다. 미정이의 말을 잠시 빌려와 얘기하면, 내 인생은 장애를 만나기 전과 후로 나뉜다. 장애를 알게 된 건 내 인생에서 혁명과도 같은 커다란 변화다. 장애는 그동안 내가 한 번도 보지 못하고, 생각하지 않았던 것들을 보게 하고 생각하게 했다. 가치관과 세계관을 바꿔 놓았다. 그러니 시도 때도 없이 질문이 쏟아진다. 내가 좋아하는 우리 동네 카페나 식당에서 좀처럼 장애인을 만나지 못하는 이유가 무엇인지, 왜 우리 아이의 학급엔 4년 내내 장애 학생이 없는지, 경의중앙선 디지털미디어시티역 환승구간에는 어째서 여전히 엘리베이터가 없는지 등등. 이런 물음을 더 많은 사람과 공유하고 싶다. 당장 답을 찾을 수 없어도, 같이 살 방법을 여럿이 함께 궁리하고 싶다. 세상이 지금보다는 좀 더 장애에 관한 이야기들로 소란스러워져야 한다. 이 책이 끝이 아닌 시작이 돼야 하는 이유다.

그래서 결국 내가 바라는 세상은 '장애인식개선'이란 말이 더 이상 필요하지 않은 세상이다.

정
민
권

작가소개

읽는 것도 재능이라 믿고, 사람을 이해하는 데에 책만한 것이 없다고 생각하는 사람. 그리고 주류 사회에서 얼마간 밀려난 이들이 등장하는 책을 좋아하고, 그런 이야기를 쓰고 싶어 하는 사람.

냉정과 온정 사이

"네가 한 거야!?"

또 엄마가 목소리를 한 옥타브 올렸다. 오늘만 벌써 몇 번짼지 모른다. 숨을 에크모(목에 구멍을 뚫고 산소를 공급하는 기계장치)에 의지하는 처지라 나는 목소리가 나지 않았다. 그것을 알면서도 엄마는 포기하지 않고 재차 물었고, 평생 고생한 훈장처럼 닳아 없어져 두텁고 뭉툭하고 볼품없는 엄마의 손톱은 면회 시간 내내 내 발바닥을 억세게 짓누르고 있었다. 목 아래로는 감각이 없어진지 오래여서 아프지는 않았다. 나는 하루

하루 눈만 껌벅였고, 천장만 바라봤고, 죽고 싶다는 생각을 백만 번도 넘게 했다.

"이것 봐 꿈틀대잖아! 이거 네가 한 거 아니냐고! 응?"

엄마의 억센 손톱이 발바닥을 파고들면 어쩌다 한 번씩 발이 꿈틀 댔다. 감각이 없으니 그저 의지와 상관없이 꿈틀댈 뿐 아프지도 않았다. 며칠 전, 또 꿈틀 댄 발을 쳐들고 숨막히게 고요한 중환자실에서 엄마는 고래고래 소리치며 의사를 불렀다. 놀라 달려온 의사는 한숨을 몰아 쉬며 말초신경이 반응하는 것뿐이니 놀라지 말라고 몇 번을 이야기하느냐며 낙지는 다리를 잘라도 꿈틀대지 않느냐고, 그것과 똑같다며 아주 자극적이고 싸가지 없지만 확실하게 알려주었다. 그럼에도 엄마는 매일 손을 멈추지 않았고 매번 확인하려고 애썼다. 이렇게라도 꿈틀대는 내 발은 엄마에겐 희망이었다. 그러던 엄마의 손이 멈췄다. 한동안 발을 바라보던 엄마가 울음을 터트렸다. 부산스러운 소리가 중환자실을 울리면서 간호사들이 달려왔다. 가끔 에크모 오작동으로 숨을 쉬지 못할 때처럼 신속하게. 놀라 달려온 간호사들이 손이 피범벅인 채 울고 있는 엄마와 발바닥에서 피가 철철 나는데 평온한 내 얼굴을 번갈아 보더니 눈시울을 붉혔다. 그 일이 있은 후 엄마는 더 이상 발바닥을 짓누르지 않았다.

퇴원하고 다시 세상으로 돌아왔다. 유도를 전공한 체육학과 학생이었던 나는 운동이 아닌 다른 것을 꿈꿔보지 않았다. 그래서 더 이상 운동을 할 수 없다는 사실은 나를 끝을 알 수 없는 나락으로 잡아 끌어 내렸다. 할 수 있는 것들이 할 수 없는 것들로 뒤바뀐 삶에서 오롯이 나로 살 수 있는 길이 보이지 않았다. 그렇게 방향을 잃은 채 생존할 방법을 찾아야 했다. 이를 악물고 정보처리와 캐드, 웹디자인, 멀티미디어콘텐츠제작전문가 등등의 자격증을 따고 그 덕분에 애니메이션 제작, 디자인 강의를 하며 나와 다른 몸을 가진 사람들과 부대끼며 십수 년을 살아낼 수 있었다. 고된 날들이었다. 이러다 죽겠다 싶을 때쯤 장애인복지관으로 이직했다. 한 번도 장애인들과 뭘 해보지 않아서 장애인이면서 장애인들을 잘 모른다는 건 얼마간 부담이 되긴 했다. 첫날부터 영혼이 탈탈 털리고 스스로 장애인이라고 생각해 보지 않던 내가 장애인이라고 확인받는 느낌이었다. 나는 이상한 나라에 들어 온 것처럼 길을 잃었다. 그렇게 정신없는 날들이 지나자 무기력한 그들의 뒤에 돌봄에 지친 보호자들이 있음이 눈에 들어왔다. 그리고 내 뒤에는 늘 엄마가 있었던 것을 새삼 깨달았다. 그 많은 엄마들 중에서도 한 사람, 재호 엄마가 있었다. 재호는 직립보행이라고 하기엔 약간 불안한 걸음을 걸었다. 중심 잡는 게 쉽지 않아 정면을 보고 걷지 못하지만 약간 사선으로는 뒤뚱거리면서도 꽤 걸을 수 있어서 교실에서 화장실까지 혼자 다니기에 충분했다. 그래서 평소에 엄마가 모든 것을 다 해주고 있었다는 것을 몰랐다. 어느 날, 재호 엄마는 수업이 끝나고 재호를 태운 채 휠체어를 남자 화장실 안까지 거침없이 밀고 들어왔다. 소변기 앞에 선 재호의 바지와 속옷을 자연스럽게 내리고 볼일 보는 재호 뒤에 쪼그리고 앉았다. 그리고 볼일을 끝내자 속옷과 바지를 올리더니 화장실을 빠져나갔다. 볼일도 못 보고 어정쩡하게 그 광경을 지켜보다가 문득 엄마가 생각났다. 웬만한 일들은 알아서 해결하라며 얼마간은 무심했던 엄마. 퇴원하고 얼마 되지 않았을 때 책 한 권 사달라고 했다가 네가 볼 건 네가 사라며 기저귀까지 채우고 2시간을 걷게 만들던 엄마였다. 그 후 재호를 보면 언제부터 수동적으로 살았을지, 재호 엄마는 왜 저렇게 모든 것을 다 해주려 애쓰는지 신경이 쓰였다.

"조심 좀 하랬지! 엄만 왜 맨날 그래?"

넓은 복지관 로비에 날카로운 음성이 울려 퍼졌다. 마치 매번 실수하는 아랫사람을 나무라듯 격양된 목소리로 재호가 엄마에게 퍼붓고 있었다. 자신의 일거수일투족이 되어주는 엄마에게 그러고 있는 것을 보자 울컥 화가 치밀었다. 물끄러미 쳐다보는 내 시선을 느꼈는지 재호 엄마는 주무르던 재호의 발을 서둘러 휠체어 발판에 올려놓고 밖으로 나갔다. 쫓아갈까 말까 망설이는데 차에 재호를 태우고 다시 걸어오는 재호 엄마가 보였다. 하고 싶은 말이 있는 것일까? 재호 엄마는 묻지 않았는데도 한쪽만 열린 유리문으로 나가다 재호 발끝이 부딪쳤다고, 재호가 여러 번 얘길 했는데도 또 부딪쳤더니 화를 조금 낸 것이라고 재호를 두둔하며 오해는 하지 말라고 했다. 기가막혀서 몇 번이고 그렇다 한들 엄마에게 그래도 되는 건 아니지 않느냐고 되물으며, 화장실도 그렇고 하나부터 열까지 왜 모든 것을 다해주는지 물었다. 재호 엄마는 고개를 들지 못하고 애가 장애가 있는 게 꼭 자신 때문인 것 같아 볼 때마다 죄책감이 든다며 고개를 떨구고 한참 오열했다. 그건 어머니 탓이 아니라고, 위로가 되진 않겠지만 그렇게 일일이 다 해주다가는 재호가 할 수 있는 것들조차 할 수 없게 될지 모른다며 내 이야기를 털어놨다.

나는 못하는 게 아니라 안 하는 것에 대해 거침없고 찰지던 엄마의 욕에 상처도 많이 받았다. 퇴원한 다음 날부터 제대로 걷지 못하던 나는 꼭두새벽부터 몇 시간씩 올림픽공원을 걸으며 운동을 해야 했다. 눈이 오나 비가 오나 넘어지거나 말거나 걸었다. 시작할 때 10m도 걷지 못하던 내가 1년이 지나자 5km는 거뜬히 걸었다. 당시는 엄마와 자주 다투고 서로 상처를 주기도 했지만 돌아보면 그때의 시간이 없었다면 나는 자립하지 못했을지 모른다. 물론 무조건 자립이 능사는 아니지만 그럼에도 개인이 지역사회로 나아가 사회 구성원으로 살아가려면 자립은 분명 중요하고, 그런 면에서 자식에 대한 부모의 사랑으로 무장한 보호가 전부는 아니다. 때로는 세상 거칠다가도 따뜻한 봄바람이 꽁꽁 언 땅을 녹이듯 그렇게 사랑 가득한 따뜻한 격려 한 번씩이면 충분하다. 결코 무한의 보호가 사랑은 아니다. 세상은 장애가 있든 없든 살아남아야 하는 정글이지 않은가.

장애는 못하는 것이 아니라 안 하는 것이나 못하게 만드는 것이다. 스스로 하려는 의지와 할 수 있는 것들을 찾아 주는 게 진정한 사랑일 것이다. 그렇게 엄마의 사랑은 보호와 배려만 할 게 아니라 냉정과 온정 사이를 넘나들면서 세상으로 내던져질 용기를 주면 좋겠다. 무한대의 보호막으로 둘러싸였던 재호가 지금은 어떻게 지내는지 모르겠다. 바람이라면 집에만 갇혀 있다가 혼자 거리를 누비던 영화 속 조제처럼 재호도 거리를 누비고 있으면 좋겠고, 되고 싶다던 사회복지사가 되었으면 좋겠다. 돌이켜보면 많은 날이 냉정하고 가끔 따뜻했던 엄마 덕에 나는 가정도 꾸리고 정글에서도 살아남은 건 아닐까.

돌봄은 심각성을 전제로 하는 중증의 대상이라도 '무조건적'인 보호를 목적으로 하지 않는다. 여기서 무조건이라 함은 부사로서 '이리저리 살피지 않고 덮어놓고'다. 인권활동가 김영옥은 자신의 책 〈돌봄과 인권〉에서 모든 돌봄은 인간의 취약성에서 출발한다고 했다. 하지만 이렇게 당사자의 의지와 자존감을 살피지 않고 단지 '취약성'에만 집중한다면 어떤식으로든 그건 일종의 폭력일지도 모르겠다.

세상에는
그냥 일어나는 일이 있다

세상에는 거절할 틈도 없이 그냥 일어나는 일이 있다. 누군가의 자녀로 태어난 일이나, 특별한 노력 없이 그냥 남들보다 조금 잘하는 일이나 또는 그 반대의 일. 아니면 계절이 바뀌거나 천재지변 같은 일일 수도 있고 아니면 갑작스러운 질병이나 사고 같은 것들. 언뜻 생각해 보면 내 뜻과는 상관없이 그냥 일어나는 일은 수도 없이 많다. 내게 6월 6일은 그런 날이다. 느닷없이 일어난 일 어쩌면 사고일까. 정수리가 벗겨질 만큼 뜨거웠던 그날, 나는 삶과 죽음 혹은 장애와 비장애의 경계에 서 있었다.

"후회 안 해?"

6월이 되면, 사연을 좀 아는 사람들은 종종 궁금해한다. 강산이 세 번이나 바뀌고도 남을 시간인데 남은 후회가 있을까. 현충일, 대학 동기들에게 억지로 끌려 나간 자리에서 목이 부러졌다. 후회? 오래전에 끊어낸 인연이라 더는 생각하지 않지만 처음에는 후회보다는 원망이 많았다. 중환자실에서 사경을 헤매고 있을 때도 그저 영혼 없는 위로에 급급하던 그들 때문에 이렇게 됐다는 원망이 컸다. 그때 그들의 성화를 끝까지 모른 척했다면? 아니면 그곳에 가지 않았다면? 그날 안전요원이 구조에 서투르지 않았다면? 이리저리 병원을 찾아 헤매지 않았다면? 그랬다면 나는 목이 부러지지 않았을까? 질문에 시원한 답을 찾을 수 없었다. 원망한다고 그냥 그렇게 되버린 일은 가벼워지지도 않았고 그럴수록 나는 점점 더 나락으로 떨어졌다. 어쩌면 그날 그곳이 아니었더라도 매트 위에서 땀을 흘리다가, 화장실에서 양치하다가, 호기롭게 나무에 올랐다가 떨어지든가, 밤새우고 이른 새벽 산에 올라가 가부좌를 틀고 명상하다 고꾸라지든가, 술이 떡이 돼서 계단을 오르다 굴러떨어지든가, 한적한 시골로 여행 갔다가 낯선 동네 불량배와 시비가 붙어 얻어맞아서 목이 부러졌을 수도 있다. 나는 그냥 그렇게 목이 부러진

거다. 몸이 뜻대로 움직이지 않고 할 수 있는 것보다 할 수 없는 것이 대부분인 장애인이 된, 그냥 그렇게 된 일은 누굴 탓한다고 없어지지 않는다는 것을 그때는 몰랐지만, 이제는 안다.

사고가 나고 2년 가까이 지박령처럼 중환자실을 지켰다. 어느 날 기적처럼 손가락 하나가 까딱거리더니 입에서 단내가 나도록 재활해야 했고 또 어느 날엔 허벅지까지 올라오는 보장구를 차고 일어섰다. 의사는 학회에 사례 발표해야겠다고 부산을 떨더니 회복 속도가 눈에 띄게 더뎌지자 퇴원을 종용했다. 엘리베이터도 없는 아파트 4층에 갇혀 책 읽는 것이 유일하게 혼자 할 수 있는 일이었다. 그마저도 친구들이나 와줘야 서점을 갈 수 있었다. 지상으로 내려오면 지나다니는 사람들의 시선이 한참을 따라왔다. 고속도로 휴게소 구석진 곳에서 요란한 소리를 내며 뻣뻣한 몸을 비틀거리는 싸구려 로봇처럼 걷는 내 걸음걸이를 구경했다. 그런 내가 조금은 안전할 수 있도록 바지춤을 잡고 전전긍긍하는 친구들의 모습은 마치 동춘서커스처럼 보였을지도 모른다. 몇 걸음 가고 쉬기를 반복하다 결국 친구는 따라오는 시선을 향해 심한 욕설을 날리고 나를 보며 한마디 했다.

"너 사람 됐다. 모가지 잘 부러졌어."

이 씨발 새끼가 뭐라고 하는 거야, 라며 다른 친구가 불같이 화를 냈지만 나는 되레 아무렇지 않았고 그저 친구 얼굴을 물끄러미 쳐다봤다. 이어서 너 지금 눈에 독기가 하나도 없어. 가뜩이나 쫙 째진 눈에 살기가 장난 아니었을 텐데 지금 너 눈이 되게 선해. 지금도 봐 사람들이 막 쳐다보고 쑥덕거리는데도 너 지랄 안 하잖아. 예전 같으면 저 사람들 눈깔 다 뽑아버리고 먹물을 쫙 빨아 먹는다고 길길이 날뛰지 않았을까? 근데 안 그러잖아. 안 그래? 다른 친구들도 그렇긴 하지라며 모두 웃었다. 나는 그제야 살기를 끌어모았다.

　복지관에는 그렇게 자신에게 일어난 일을 이해하지 못하는 어르신이 계셨다. 하루는 동료가 어르신에게 뺨을 맞았다. 바쁘게 지나치다 제대로 인사를 하지 못한 동료가 자신을 무시했다면서. 휠체어를 바르게 몰았다. 왜 또 저러실까, 멀리서 봐도 너희들이 누구 덕분에 먹고 사는 지 아느냐면서 고래고래 고정 레퍼토리를 하고 계신다. 웅성거리며 모여있는 사람들 사이로 휠체어를 비집고 어르신 앞으로 나섰다. 네네. 근데 어르신 몇 번을 말해요. 우린 어르신이 아니라 나라에서 먹여 살려 준다고요. 이리 와 앉으세요. 자, 커피 한잔 드시고요. 오늘은 또 무슨 일로 이리 화가 나셨을까? 너스레를 떨며 그나마 내겐 우호적인 어르신을 어르고 달랜다. 명문대에 유명 신문사에 입사해 소위 엘리트 코스만 밟아온 전직 사회부 기자였지만 은퇴를 몇 년 앞두고 뇌출혈로 쓰러져 편마비 장애인이 되자 강제 명퇴를 당하신 일에 열심히 일한 죄밖에 없다며 억울해했다. 게다가 몸이 뜻대로 되지 않자 그 분통을 가족과 주변에 풀다가 결국 이혼을 당했고 자식들도 등을 돌린 지 몇 해가 지났다. 그런 분통을 우리에게 맘껏 쏟아내는 중이다. 복지관에서 일하다 보면 별별 일들을 많이 겪는다. 특히 어르신처럼 가족들을 위해 앞만 보고 달려오다 이제 놀만하니 장애인이 됐다고 억울해 하거나, 장애아를 낳았다고 죄책감에 빠지고, 정신질환이 생겼다고 자책하고, 치매에 걸렸다고 삶을 송두리째 부정하는 사람들을 종종 만난다. 이런 분들의 삶에 공감하지 못하면 영혼이 탈탈 털린다.

둘러보면 갑작스런 장애에 분통, 후회, 자책, 죄책감 등에 시달리는 사람이 많다. 특히 자신에게 닥친 이 엄청난 일에 원인을 찾으려 애쓰는 사람들이 있다. 짓지도 않은 죄까지 만들기도 하고, 신을 욕하고 부정하면서 그렇게 고통을 감내하면서 스스로에게 가혹한 형벌을 내리기도 한다. 하지만 이건 그냥 누구에나 일어날 수 있는 일이 우연히 자신에 일어난 것뿐이다. 장애가 생긴 건 사실이고 수술로 혹은 세상 모든 민간요법으로도 해결할 수 없다면 사는 동안 그냥 함께할 뿐이다. 그게 사실이고 그냥 그뿐이다. 쉽진 않겠지만 자신에게 생긴 일은, 장애를 받아들이는 일은 빠르면 빠를수록 좋다. 그래야 자신을 덜 상처 내다. 나 역시 종종 장애인이 된 나를 돌아본다. 아침에 일어나는 것부터 씻고 입고 출근하는 모든 일이 내게는 주어진 미션을 깨야만 다음 스테이지로 나갈 수 있는 힘들고 어려운 게임처럼 느껴질 때가 있다. 힘들다고 하루하루 후회와 자책만 하고 있을 수 없다. 찾아보면 힘든 미션 중에도 박하사탕을 백만 개쯤 박아 놓은 듯한 가슴 시원한 일들이나 행복한 순간은 얼마든지 있다. 더운 여름 쌍쌍바를 잘랐는데 내 쪽이 훨씬 클 때라든가, 무심코 바라본 창가에 따뜻한 햇살이 발밑까지 비추고 있을 때의 평온함. 또 푹신한 소파에서 낮잠에 빠진 아내의 낮은 코 고는 소리를 듣는 일, 아파트 단지에 열린 장터를 구경하다가 설탕을 잔뜩 바른 핫도그에 케첩까지 뿌려주는 일, 떨이라며 두 개나 덤으로 받은 붕어빵 같은 일상에서 별것 아니지만 기분 좋아지는 일은 생각보다 많다.

    분명 장애는 불편하고 때론 거추장스럽고 많이 힘들다. 맞다. 부정할 순 없지만 장애는 있고 없고 혹은 불편한 정도의 문제지 후회하고 말고의 문제는 아니다. 또 후회한다고 달라지지도 얇아지지도 않는다. 그러니 우리 너무 후회하지 말자. 그냥 일어나는 일들이 각자의 삶에 얼마든지 있는 한 억울하거나 좌절하거나 슬퍼하지 않았으면 좋겠다. 하더라도 아주 조금만. 인생은 등가 관계다. 내가 어떤 마음으로 어떻게 관계를 맺는가에 따라 삶은 불편해도 그만큼 행복해지기도 한다. 장애가 있다고 인생이 무조건 힘들고 팍팍한 건 아니다. 현생을 살고 있다면 누구나 힘들다. 내가 힘든 만큼 당신도 그럴 것이고, 그 일들은 장애인 비장애인을 구분하지 않는다. 물론 누군가의 일상이 보통의 일상보다 힘겨울 수 있다. 양말 하나 신고 벗는 게 쉽지 않은 일이고, 식당 문턱 하나 넘는 게 쉽지 않은 일인 사람들이 분명 있다. 하지만 그렇다고 그들의 삶 통째로 안쓰러움이나 측은지심으로 찜 쪄내지 말았으면 좋겠다. 내겐 쉬운 일이 타인에게는 고단할 수 있고, 그 고통이 나와 당신이 다를 수 있다는 이해와 공감을 할 때 우린 장애인이라는 단어에서 자유로워질 수 있지 않을까. 나는 소망한다. 그런 세상이 먼 미래, 한 25세기쯤에 만들어지는 게 아니라 지금이었으면 좋겠고, 그래서 그들이 과거가 아닌 지금을 살 수 있으면 좋겠다. 그 일에 당신이 앞장설 수 있다면 더 좋겠다.

도전을 외친다고
극복이 되는 건 아니라서

"도전!"

한 예능 프로그램에서 잔뜩 선물을 쌓아 놓은 채 구둣솔을 허공으로 던지며 유재석이 외쳤다. 구둣솔이 옆으로 서면 큼지막한 선물 세 개를 준다고 한다. 하지만 실패하면 빈손. 화면은 설렘 가득하면서도 긴장이 역력한 시민 참여자의 얼굴을 비춘다. 누군가 자신의 성공과 실패를 대신하는 이 도전의 극단의 게임을 하면서 즐거워하는 그들을 보며 웃다가 예전에 시도 때도 없이 무표정한 얼굴로 도전을 외치던 현호가 떠올랐다. 장애가 극복으로 인식되는 세상에선 도전이 게임처럼 즐겁지 않은 사람들은 셀 수 없이 많다.

현호가 그랬다. 교실에서 수업을 들을 때도, 나들이를 갈 때도 심지어 밥을 먹을 때도 숟가락을 들면서도 여지없이 도전을 외쳤다. 그렇게 매사 건조하게 도전을 외치던 현호는 믿을 수 없게도 어머니 말에 의하면 경계선 지적장애라고 했다. 보통의 또래와 비슷한 수준이 아니라 여느 지적장애인보다도 더 낮은 인지 수준이었다. 5월이라고는 믿을 수 없을 만큼 폭염이 몰려든 어느 날, 현호와 직업훈련을 함께 받던 십여 명의 장애인과 대공원으로 나들이를 갔다. 공원 입구에서 밀려드는 인파를 보자 현호가 느닷없이 도전!을 외치고는 뛰쳐나갔다. 화들짝 놀란 인솔자가 뒤를 쫓았지만 마치 호그와트 마법학교 아이들이 킹스 크로스역에서 순식간에 사라지는 것처럼 눈앞에서 현호가 그렇게 사라졌다. 주변을 샅샅이 뒤졌지만 찾지 못했다. 전기에 감전된 것처럼 정신이 지직거리는 와중에 현호 어머니에게 전화를 걸었다. "선생님 너무 놀라지 마세요. 금방 나타날 거예요. 그 자리에서 조금만 기다려 주세요." 일어날 일이 일어난 것이라는 듯 침착하고 건조한 억양에도 놀란 마음이 좀처럼 진정되지 않았다. 얼마 지나지 않아 정말 건물 사이 좁은 틈에서 현호가 머리를 빼꼼 내밀었다. 쓸어내린 안도감이 불같은 화로 터져 나왔다. 앞뒤 가리지 않고 화를 내는 나를 다른 인솔자가 말리고 나서야 현호가 놀란 눈으로 무릎을 말아 쥐고 앉아 있다는 것을 알았다. 이미 움츠러든 현호는 가자는 말에도 꼼짝하지 않았다. 어르고 달래고 사과하고 재롱부리고 갖은 스킬을 다 부리고 나서야 소나기 같던 한바탕의 소동이 끝났다.

다음 날, 어머니는 원래 그러지 않던 아이를 자신이 그렇게 만들었다며 자책의 눈물을 쏟았다. 학습부진, 현호는 딱 그 정도의 아이였다고 했다. 공부는 못하지만 반 친구들과도 잘 지내는 밝은 아이. 하지만 부모는 조금만 더하면 좋아질 것이라는 욕심을 버릴 수 없었고 현호에게 더 많은 노력을 강요하기 시작했다고 했다. 학원을 운영하던 아빠는 아침저녁으로 하루치의 공부량을 점검했고, 엄마는 그런 아빠 눈치를 보며 집중하지 않고, 열심히 하지 않는다며 야단쳤다. 현호는 매일 도전을 외치며 문제를 풀었지만 시간이 갈수록 퇴행만 빨라질 뿐이었다. 잘 어울리던 반 친구들을 피했고 학교도 가려고 하지 않았다. 낯가림은 점점 심해져 사람 많은 곳에선 순식간에 어디론가 숨었고 사람들이 적어지면 슬그머니 나타났다. 이젠 익숙하다면 어머니는 텅 빈 눈으로 웃었다.

TV에서 그려지는 장애인은 보통 장애를 극복한 히어로거나 지갑을 열게 만드는 안쓰럽고 불쌍한 사람이다. 도대체 중간이 없다. 평소에는 차별과 편견의 대상인 장애인이 종종 장애가 만들어낸 고난과 역경을 극복한 영웅으로 대접받는다. 살기가 팍팍하면 할 수록 장애는 도전의 아이콘이 되고, 장애인은 극복의 롤모델이 된다. 기괴한 현상이 아닐 수 없다. 팍팍한 세상에서 용기를 잃지 말라는 메시지이기는 해도, 장애인도 극복하는데 비장애인이 못할 것 없다는 식의 메시지는 어쩌면 그렇지 못한 장애인들을 무능력하거나 게으른 사람으로 몰아가는 또 하나의 편견을 만든다. 도전과 극복의 스토리는 비장애인의 입맛에 맞춘 메시지는 아닐까. 오랜 시간 만나 본 장애인들은 장애는 극복해야 하는 것이 아니라 그저 살아가는 데 불편함이 있는 것이고 어르고 달래서 같이 살아가야 할 삶의 태도로 생각하는 사람들이 많았다. 먹고살겠다고 힘들게 발버둥 치는 건 장애인도 비장애인도 마찬가지이기 때문에 전쟁터 같은 삶에서 우리 모두는 다들 각자의 자리에서 도전을 외치며 최선을 다하고 있는 건 아닐까. 사실 영웅으로 둔갑해서 미디어에 오르내리는 사람들은 장애를 극복해서가 아니라 누구나 그렇듯 피나는 노력과 최선을 다해서 그 자리에 오른 것이다. 삶에서 맞닥뜨리는 장애는 누구나 겪는 것이고 그런 장애는 극복해야 하는 것이 아니라 내 삶에 녹여내 잘먹고 잘살기 위해 노력하는 동력일 뿐이다. 중증 장애인으로 꽤 많은 부분이 불편한 나를 대단하다고 말하는 사람이 있다. 장애를 극복했다고 엄지척 해주기도 하지만 사실 내가 다시 유도 선수로 매트에 서지 않는 한 그건 극복이 아니다. 극복은 명사로 이기어 도로 회복한다는 의미를 지녔다. 나는 다시 태어나지 않는 한 다시 원래의 모습으로 회복되지 못한다. 그러니 극복은 할 수도 될 수도 없는 일이다.

인생에서 쓰나미처럼 밀려드는 다양한 불편함은 장애가 있거나 없거나 나나 당신을 가리지 않는다. 장애를 장벽처럼 여기고 극복하라고 도전을 외칠 것이 아니라 긴 인생에 익숙한 친구처럼 함께 가는 것이 장애를 대하는 자세일지도 모른다. 도전을 외친다고 단박에 극복되는 장애는 없으니까. '조금 더'라는 욕심을 이제는 내려놓은 부모님 덕분에 현호는 더 이상 도전을 외치지 않는다. 그래서 현호도 그 부모도 얼굴이 편안해 보이는 것일지도 모르겠다.

나는 누구? 여기는 어디?

나는 일생에서 뜬금없이 변곡점을 맞이했다. 비장애인의 삶에서 장애인의 삶이 된다는, 보통 그런 건 자의적인 것이 아니라서 전환점이라고 하기엔 뭔가 찝찝하다. 원해서 장애인이 된 사람은 눈 씻고 찾아봐도 없을 테니까. 나 역시 그랬다. 1990년 6월 6일, 초여름이라고 하기엔 정수리가 벗겨질 만큼 뜨거운 이상 고온인 날이었다. 학교에서는 체육대회가 한창이었지만 동기들은 며칠 뒤 있을 수영 시험을 대비해 입영을 곧잘 하던 내게 수영장엘 가자며 집요하게 매달렸다. 깨복쟁이 친구들과 약속이 있어 거절했지만 결국 지키지 못했다. 그 자리에서 난 목이 부러졌다. 2년 가까운 병원 생활을 거쳐 집으로 돌아왔다. 몸은 예전의 몸이 아니었고 화장실 큼지막한 거울에는 내가 아닌 내가 서 있었다. 거친 머리, 움푹 팬 눈, 그 위로 이마에 선명하게 뚫린 나사 구멍 그리고 목젖 밑으로 에크모가 드나들던 또 하나의 큼지막한 구멍이 나를 낯설게 만들었다. 그렇게 낯선 나를 만났다.

    죽기 살기로 재활했고 먹고살기 위해 발버둥 쳤다. 여러 자격증을 취득하고 1997년, 양재동에 있던 애니메이션 회사를 시작으로 디자인 학원 강사, 사회복지사를 거치며 30여 년 성실히 직장인으로 살았다. 그중 디자인 강사로 학원가인 노량진에서 일할 때는 안산에서 노량진까지 다니며 11시간을 강의했다. 퇴근하고 집에 돌아가면 다음 날 수업자료를 만드느라 많이 자야 4시간밖에 잘 수 없었다. '이러다 죽을 수도 있겠다.'라는 생각에 결국 '밥통'을 버릴 수밖에 없었다. 살아야 했다. 계단 하나 올라설 수 없을 정도로 떨어진 근력을 되살리려 다시 입원했다. 한 달 정도 재활에 매달렸을 때쯤 한 장애인복지관에서 면접 제의가 들어왔다. 그동안 사람이든 일이든 한 번도 장애인과 관계 맺은 적이 없던 터라 내심 걱정이 됐지만 그동안 치열하게 살았던 시간보다 얼마간은 편할 것 같다는 생각이 들어 면접을 결정했다.

면접에서 "이렇게 많이 벌다가 우린 한참 적게 주는데 괜찮 겠냐."는 관장의 질문에 도대체 얼마나 적게 주시는데 그러냐 고 되레 질문했다. 그리고 놀랄만한 액수를 듣고 아내와 상의를 해봐야겠다고 나름 여유로운 웃음을 보였다. 그동안 벌던 월급 의 반의반 토막, 아내는 잠시 망설이긴 했지만 그래도 살고 봐 야지 않겠냐며 하고 싶은 대로 하라며 지지해 주었다. 출근 첫 날, 나는 편할 것이라는 건 착각이었고 비장애인보다 백만 배쯤 은 더 어렵다는 사실을 깨닫는 데는 반나절이 채 걸리지 않았 다. 설명하고 또 하고 그보다 더 많이 하더라도 이해하지 못하 거나, 하지 않으려는 사람이 많았다. 또 귀를 쫑긋 세워야 들릴 만큼 멀리서 지나는 비행기 소리에 자신을 감시하느라 도청도 모자라 항공 감시까지 한다고 안기부를 찰지게 욕하는 사람이 있는가 하면, 녹색의 유명 포털 로그인이 어제는 됐는데 오늘 은 왜 안 되냐며 그 '새끼'들이 강퇴시켰다며 불같이 화를 내거 나, 종교적 신념에 휩싸여 시도 때도 없이 회개하면서 흐느끼는 가 하면, 교통사고로 하반신 마비가 된 이후 시간이 꽤 흘렀지 만 여전히 분노에 휩싸여 있거나, 질문에 멋진 답변을 해서 폭 풍 칭찬했더니 새벽에 우리 집에 왜 왔느냐며 자기를 언제부터 좋아했느냐고 따지는 학생들이 한 교실에 모여있었다. 동공은 쉴 새 없이 흔들렸고 멘탈이 시시각각 터져 나갔다. 그 어느 예능보다 버라이어티했다. 버티다 보니 겨울이 왔고 발목을 덮을 만큼 눈이 온 날 새벽, 이들은 다음 날 등교를 어떻게 해야 하는지 밤새 100통에 가까운 전화와 문자를 남기기도 했다.

　이들 사이에서 나는 선생일 수 있을까? 같은 장애인이지만 내 삶과 다른 이들의 삶을 바라보며 고민의 날이 얼마간 이어졌다. 그러는 동안 나는 한 번도 의식하지 않았던 장애인이 되어가고 있었다. 딱히 이들의 삶을 바꿔 보리라 의도한 것은 아니다. 다만 내가 누리는 삶과 그러지 못하는 그들의 삶 사이에는 엄청난 간극이 있다는 것을 안 이상 모른척하기 쉽지 않았다. 편입하고 대학원을 다니며 사회복지사로 거듭났다. 분명 간극을 메꿀 수 있다고 생각했다. 하지만 현실은 천만에 말씀 만만에 콩떡이었다. 그 후에 여러 세미나나 워크숍을 쫓아다니며 실천 교육을 수강했지만 학교에서도 현장에서도 그런 방법을 찾기는 쉽지 않았다. 심지어 사회복지사들 조차도 나를 사회복지사가 아닌 장애인으로 대하는데 다른 장애인들은 오죽할까. 휠체어 교육생이 참여한다는 것을 뻔히 알고 있어도 교육장 곳곳은 계단이었다. 숙소 입구에는 높은 단차가 있었고 침대 사이 공간은 휠체어가 다니기엔 터무니없이 좁았다. 화장실은 말할 것도 없이 휠체어는 들어갈 수도 없어 로비 화장실을 이용했다. 수차례 말했지만 바뀌지 않았다. 들어야 하는 교육임에도 망설여야 했다. 그러다 한 워크숍에서 계단 앞에서 멈춘 나를 보고 누군가 의기양양하게 소리쳤다.

"우리 다 함께 힘 한 번 씁시다. 우리 다 같은 사회복지사 아닙니까! 휠체어 듭시다!"

그는 순간 얼어붙은 내 얼굴을 보았을까. 실내는 웅성거렸고 쭈뼛쭈뼛 몇 명의 건장한 남자들이 다가와 휠체어를 번쩍 들어 올렸다. 처음 만난 사람들이었지만 아무도 내게 묻지 않았다. 들려지고 싶은지, 다른 방법을 원하는지, 그냥 집으로 돌아가고 싶은지 말이다. 그의 친절이 전혀 고맙지 않았다. 그 넓은 교육장에 있던 2백여 명의 교육생들의 시선을 받아야 하는 일은 슈퍼울트라 내향형인 내게는 쉽지 않았다. 우여곡절 끝에 교육이 끝나고 3인 1실의 숙소에 들어섰다. 문턱 때문에 휠체어가 들어 갈 수 없었다. 먼저 자리를 잡은 교육생이 나를 보자 난감해하며 숙소 안으로 들어설 수 있게 도왔다. 입구와 가까운 곳이 편할 테니 자리를 바꿔주겠다며 주섬주섬 짐을 챙겼다. 괜찮다고 손사래를 쳤다. 워크숍에서 으레 만들어지는 술자리에도 끼지 않을 것이고, 잠귀가 밝아 입구보다는 안쪽이 더 좋았다. 룸메이트들은 술자리를 찾아 방들을 헤매고 나는 복도를 타고 넘나드는 술자리로 달아난 잠을 찾아 헤맸다. 다음날, 룸메이트들은 아침 교육을 위해 서둘러 준비하고 친절하게도 무거운 현관문을 닫고 교육장으로 향했다. 준비가 더딘 나는 휠체어를 탄 채로 문을 열다가 똥 쌀 뻔했다.

장애로 인한 정체성의 부재. 나를 나라고 설명하지 않아도 되는 것들에서 설명하지 않으면 자유롭지 못한 일들은 종종 상처가 된다. 나는 사회복지사이기도 장애인이기도 하다. 하지만 사회복지사 틈에 있어도 사회복지사보다는 장애인이라는 정체성이 더 먼저 앞서는 이유는 뭘까? 장애인복지현장에서 일하는 사회복지사들에게 같이 일하는 장애인 사회복지사는 동료일까 장애인일까? 그리고 나는 누구일까? 나는 지금 어디에 있는 것일까? 키가 크고 작고, 살집이 많고 적고, 누구는 공부를, 또 누군가는 운동을, 노래를 잘하거나 못하거나 하는 사람들이 함께 살 때 세상을 살맛 나게 하는 건 아닐까. 완벽한 사람들은 왠지 인간적으로 느껴지지 않을 때가 종종 있어서 정이 안 간다. 어쨌든 그런 모든 것들이 개인의 정체성을 만든다. 누구나 저마다의 독특한 특징이나 특성을 가지고 있고, 그런 것들로 소외되거나 차별

받아야 한다면 그건 꽤 억울한 일이 아닐 수 없다. 그래서 우리 모두는 다양성이 자연스러운 세상에서 자신도 타인도 제대로 만나는 법을 배워야 한다.

마법 같은 일

"안.녕.하.십.니.까.정.민.권.선.생.님."

"네. 선재 씨. 잘 지냈어요?"

"네.잘.지.냅.니.다.정.민.권.선.생.님.은.○.○.복.지.관.에.서.웹.마.스.터.반.을.가.르.쳤.습.니.다.맞.습.니.까?"

"네. 맞아요. 우리 거기서 만났죠?"

"네.그.렇.습.니.다.정.민.권.선.생.님.좋.습.니.다."

뚜뚜뚜…. 자간 행간 자로 잰 듯 한글자씩 똑박또박 읽는 말투로 자기 할 말하고 일방적으로 전화는 끊어졌다. 그는 이렇게 불쑥 전화해서 급하게 사랑을 고백하고 후다닥 전화를 끊었다. 마흔이 넘은 아저씨에게 귀엽다는 말은 실례겠지만 그는 얼마간은 귀엽다. 이런 그를 처음 만난 건 이전에 근무하던 복지관에서였다.

직업재활팀, 장애인은 직업에까지 '재활'이라는 단어를 붙여야 하나 궁금해할 정도로 장애인복지에는 무지했다. 그런 내가 장애인복지관으로 이직해서 맡은 업무가 장애인의 취업을 위한 직업훈련 교사였다. 나는 디자인과 관련된 직업능력개발 훈련교사였다. 국비지원 직업교육관에서 비장애인들이 디자인 계열로의 재취업이나 이직할 수 있도록 웹디자인, 멀티미디어, 그래픽 디자인을 가르쳤다. 그것을 10년 넘게 하다 보니 해야 하는 강의 시간이 점점 늘었다. 반면 몸은 점점 지쳤다. 더 이상 버티기 힘들다고 생각할 때 마침 장애인복지관에서 면접 제의가 왔다. 장애인 대상이라니 '누워서 식은 죽 먹기'쯤으로 생각했는데 그건 아주아주아주 큰 착각이었다. 전임자는 2년 과정 중에 채 1년을 채우지 못했다. 부득이한 사정이 있다고는 했지만 출근 첫날 대충 감이 왔다. 전임자에게 부득이한 이유가 있던 게 아니라는 확신이 들었다. 교육만 하는 게 아닌 행정 업무도 어마무시했다. 게다가 잠깐 인수인계 하는 동안 교실을 순식간에 정신을 쏙 빼놓는 장터로 바꾸는 마법을 경험하자, 그냥 집에 갈까? 라는 생각이 강렬하게 덮쳤다. 흔들리는 동공을 눈치챘는지 전임자는 '별로 할 건 없다'든지, '애들은 진짜 착하다'든지 같은 말을 반복하면서 번갯불에 콩 볶듯 인수인계를 끝내고 교실을 나가 버렸다. 하지만 전임자의 말과는 다르게 수업 이외에 감당해야 하는 일은 무지 많았으며, 그가 말한 애들이 누군지는 모르겠으나 교실에 있는 다양한 장애를 지닌 이들은 착한 거와는 결이 다른 사람들이었다. 그렇게 내빼버린 전임자를 대신해(진짜 나중에 잡히면 한 대 때려주고 싶다.) 나머지 1년을 잘 버텼다. 그리고 다시 2년 과정의 새로운 기수를 모집했다. 선재 씨는 그중 한 명이었다.

　　입학 면접을 보기 전, 보호자인 아버지와 선재 씨는 교실을 둘러보고 싶다며 사무실이 아닌 교실로 찾아왔다는 연락을 받고 서둘러 교실로 갔다. 큰 키에 다소 마른 체격, 보호자 옆에 서 있는 선재 씨가 눈에 띄었다. 휠체어를 빠르게 몰며 다가가 인사를 건넸다. 보호자는 가벼운 목례 후 선재 씨를 보고 인사해야지,라며 자신의 손으로 머리를 잡고 고개를 억지로 숙였다. 다소 강압적인 친절이었다. 안.녕.하.세.요. 띄어쓰기 없이 쓴 글씨처럼 또박또박 한 글자씩 그러면서 억양은 없는 말투, 표정은 없고 길 잃은 동공으로 미루어 말하지 않아도 자폐성 장애구나 싶었다. 일부러 활짝 웃으며 인사하며 내가 손을 내미는 순간, 선재 씨는 고개를 빠르게 뒤로 젖혔다. 아마 모르는 사람이 봤다면 마치 내가 선재 씨를 때리려고 손을 들었다고 오해할 만한 그림이었다. 선재 씨만큼이나 나도 놀라 손을 재빠르게 거둬들이며 놀라게 해서 미안하다고 사과했다. 보호자 역시 놀라는 눈치이긴 했으나 별다른 말이나 행동을 하지 않아서 면접 내내 그 일이 더 마음에 걸리고 집중하기 어려웠다. 나도 모르게 선재 씨를 자꾸 흘끔거렸다.

선재 씨는 지방의 한 4년제 대학 영문과를 졸업했다. 어릴 때부터 영어를 좋아하고 곧잘 했다고 했다. 내가 내심 놀라워하는 것을 눈치챘는지 보호자는 자신은 대기업 임원, 아내는 유치원 원장이며 최선을 다해 돌보고 있다고 했다. 그리고 2살 터울의 여동생과도 잘 지낸다며 가족 돌봄이 아주 잘 된다고 강조하며 뿌듯해했다. 못미더워한 채 면접을 마쳤다. 보호자는 자신 부부는 바빠 연락이 잘 안될 수 있으니 전달 사항이나 긴급한 연락은 여동생에게 해달라는 요청을 끝으로 자리에서 일어났다. 보호자가 인사를 시키려는 듯 선재 씨 머리에 손을 올리려는 것을 괜찮다며 재빠르게 잡았다. 벌써 10년이나 지났지만 첫 만남에서 움찔하던 그 모습은 여전히 생생하다.

그렇게 직업 교육에 참여하게 된 선재 씨는 2년 동안 결석은 고사하고 지각 한번 하지 않으면서 성실의 대명사를 보여주었다. 대학을 다닐 정도인 선재 씨여서 당연히 혼자 다닐 것이라 생각했는데 알고 보니 보호자, 그중 대부분 아버지가 동행했다. 말수가 적고 낯가림이 심하던 선재 씨는 혼자 대중교통을 타기 어려워했고 아주 익숙한 동네를 제외하고는 혼자 외출도 하지 않으려고 한다고 했다. 그런 선재 씨를 아주 잘 보호하고 있었다고 가족들은 생각하고 있었고 선재 씨는 점점 더 외부 활동이 줄었다. 복지관을 다니면서 이런저런 장애인 컴퓨터 경진대회에서 종종 상을 받았는데 그럴때마다 폭풍 칭찬을 했다. 그런 소통의 시간이 쌓이면서 어느 순간, 선재 씨는 말이 많아졌다. 아니 밝아졌다. 월요일이면 주말에 있었던 일들을 내 옆에 앉아 한참 수다를 떨었다. 주로 아버지와 산행을 다녀오거나 전국팔도의 맛집을 다녀온 이야기가 많았다. 즐겁고 행복해 보였다. 어느 날, 많이 밝아지고, 혼자서 여기저기 다니려고 하고, 선생님 이야기를 많이 한다면서 선재 씨가 많이 달라졌다며 여동생이 감사를 전했다. 선재 씨의 머리를 잡고 인사시키던, 그 모습에서 보호자에 대한 편견은 잊혀졌다. 지금 선재 씨는 특별한 도움 없이도 복지관뿐만 아니라 혼자 지하철을 타고 서울 시내를 돌아다닌다. 동생 얘기로는 오빠를 챙겨야 하는 시간과 부담이 훨씬 줄었다고 했다. 이게 다 선생님 덕분이라는 공치사를 들으니 되레 부끄러웠다.

    대한민국 돌봄의 현주소는 어떨까? 자립이 필요한 장애인에게 자립이 아닌 돌봄에 매달리게 만드는 현실에서 선재 씨의 '다름'은 보호자 역시 주목받게 되는 일일 것이다. 그런 일은 보통의 사회 규범이나 문화에서 벗어난 일들은 보호자의 입장에서는 부담일 수도 있다. 더구나 선재 씨와 같이 확연히 드러나는 행동이나 말투, 호기심 어린 행동이 민폐가 된다고 생각할 수도 있다. 그래서 선재 씨는 본인의 욕구와는 다르게 '하지 못하게 되는 것들'이 더 많아졌을지도 모른다. 10년이 지난 지금 선재 씨는 40대 초반이 되었다. 하지만 그 나이에 맞는 보통 사람들의 척도는 선재 씨가 맞출 수 있는 영역의 것이 아니다. 혹여 수만 번의 연습과 노력이 있어서 맞출 수 있게 됐다고 한들(굳이 맞출 필요가 있을까?) 장애인으로서의 정체성이 달라질지 궁금하다. 세상 어디에도 완벽한 사람은 없고(완벽이라는 것이 어떤 것인지 정의하기도 애매하지만), 있다 하더라도 누구나 어느 부분에서는 모두 다르게 존재하는 것이라서 타인의 시선을 의식해 "안 돼!"만을 강요하는 돌봄이 필요한지 생각해 볼 문제다. 중요한 것은 시간이 흐른 뒤 부모의 부재 뒤에 혼자 남게 될 선재 씨의 삶을 질문해야 한다. 정확히 기억할 수 없지만, 서울의 한 지역에 특수학교가 들어서는 것을 격렬하게 반대하던 이슈에서 어느 발달장애인 엄마가 격정적으로 눈물을 흘리면서 이런 비슷한 말을 했다. 우리 엄마도 그랬다.

"우리 아이보다 딱 하루만 더 살게 해달라고 매일 빌어요."

생체주기를 거스르면서까지 자식보다 단 하루만이라도 더 살고 싶다고 매일 간절하게 빌어야 하는 것이 세계 경제규모 13위인 대한민국 돌봄의 현실이다. 아무튼 복지관을 다니며 선재 씨 모습은 많이 달라졌다. 깨발랄해졌고 수다스러워지고 무엇보다 표정이 많이 밝아졌다. 장애인 컴퓨터 경진대회에서 상도 여러 번 수상할 정도로 컴퓨터를 능숙하게 다룰 줄 알게 되었다. 또, 대중교통을 타고 서울의 곳곳을 다니면서 먹고 싶을 때 언제든지 햄버거와 아이스크림을 사 먹는다. 이제는 취업을 하고 본인 명의의 통장에 저금도 한다. 하지만 복지관으로 전화를 걸어 생뚱맞은 이야기와 내 안부를 묻곤 시니컬하게 전화를 끊어 버리는 것은 여전하지만 사람에게 주눅 들고 곁을 내주지 않고 쭈뼛대던 모습이 아니라서 너무 좋다. 드라마 〈이상한 변호사 우영우〉에서 주인공이 지하철을 타고 출퇴근하고 직장에서는 말도 똑 부러지게 잘하는 모습이 바로 선재 씨라서 저절로 미소가 지어진다. 다른 것을 다르다고 차별하지 않고 관심과 변화를 위해 함께한다면 누군가의 인생이 많은 부분 공정에 가까워지는 마법 같은 일이 벌어질 것이다. 그렇게 우린 모두 마법사가 될 수 있다.

작가의 말

사회복지사가 필요 없는 사회를 꿈꾸는 사회복지사로 장애인복지 현장에서 12년이 넘는 시간을 보내왔습니다. 인간관계가 일방적이지 않듯 공적 보호막에서 얼마간 혹은 많이 밀려난 이들과의 관계 역시 일방적이면 곤란한데 현실은 매우 일방적인 관계로 그들을 정의하고 대합니다. 그런 일들을 매일, 매 순간 마주하면서 변화를 위해 할 수 있는 일을 고민합니다. 여기에 털어놓는 이야기들이 타인의 이야기가 아닌 내 이야기이고 내 가족의 이야기이며 내 이웃의 이야기로 공감해주신다면 고맙겠습니다. 장애는 '있는 것'이 아니라 있는 것으로 '바라볼 때' 선명해진다는 것을 기억해 주시면 좋겠습니다.

김
봉
학

작가소개

군대를 예편하고 인생 후반전은 사회복지사로 장애인복지에 첫발을 디뎠다. 지금은 장애인통합센터 사무국장으로서 여러 장애인협회 업무를 지원하고 있다. 장애인과 함께한 새로운 경험이 모두 배움이었고 소중한 보람으로 남았다.

존재하고 살아가는 여정

나는 경력이 없는 늦깎이 사회복지사다. 그렇지만 뚝심 하나로 장애인협회 문을 두드렸다. 면접 당일, 나는 15분 이른 시간에 도착했다. 넓은 층에 벽 없이 칸막이로 꾸며진 사무실인데 빈자리가 더 많아 보였다. 들어가면서 출입문 쪽을 바라보고 앉아 있는 여자 직원과 눈이 마주쳐서 꾸뻑 인사를 하고 다가갔다. "저 오늘 면접 보러 왔는데요." "아! 네, 잠시만 저쪽에서 기다리세요. 지금 다른 사람 면접하고 있어요." 창가 큰 테이블에 앉아서 청계천을 내려다보고 있는데, 그 직원이 작은 쟁반에 종이컵을 받쳐 들고 나를 향해 오고 있었다. 한발 한발 다가오는 그녀는 다리가 몹시 불편한 장애인으로, 기우뚱한 걸음걸이로 상체가 흔들려 쟁반에 온 신경을 집중하고 오는 것이 한눈에 보였다. 나는 순간 벌떡 일어나 손은 앞으로 나갔지만 발은 떨어지지 않았다. 이럴 때 쟁반을 받아주어야 하나? 장애인의 사소한 일을 돕는 것은 실례가 되지 않을까? 저 정도로 다리가 불편한 직원밖엔 없나? 경험이 없는 나는 갈등했고, 여러 생각이 스쳐 갔다.

잠시 후 '회장실' 표지판이 붙은 문이 열리고 한 사람이 나왔다. 직원이 '이쪽으로 오세요, 회장님실로 들어가 보세요'라는 말과 손동작을 했다. 회장실에 들어가 문을 닫고 돌아서는 순간 나의 얼굴이 잠시 굳어지는 것을 느꼈다. 나를 맞이하고 있는 회장님은 양복의 한쪽 팔 옷소매가 빈 채로 주머니에 넣어져 있었다. 이번에는 시선을 어디에 두어야 할지 어리둥절했다. 넙죽 인사를 하고 자리에 앉았다. 회장님 앞에는 나의 지원서가 인쇄되어 있었고, 옆자리에 앉은 사람을 사업부장이라고 소개했다.

사업부장이 회장님에게 말을 건네며 두 사람의 대화가 먼저 시작되었다. 사업부장은 "회장님"과 "형님" 호칭을 번갈아 써가면서 알 듯 모를 듯한 말들을 이어갔다. 그러다 회장님이 이력서를 내려다보고 한마디 했다. "아이구, 장교를 예편하셨네요?" "네, 그렇습니다." 나의 대답이 끝나자. 회장님은 "내가 월남전에 갔을 때 말이야" 하고 이야기를 시작하더니 다시 두 사람의 대화가 20분 정도 이어졌다. 나는 고개를 끄덕여가며 애써 관심 있는 표정을 지었다. 회장님은 다시 이력서를 훑어보더니, "고향이 포천이네요?" 하고 내게 물었다. "네, 그렇습니다." 이번에는 사업부장이 "나는 의정부에 살고 있어요."라고 했다. "아! 그러세요? 저는 고등학교를 의정부에서 다녔습니다. 그래요? 고향 사람 만났네!" 하면서 악수를 청했다. 그때 손가락 중간 마디가 없는 그분의 손을 보았다. 면접이 아닌 환담 같은 분위기 속에서 주로 두 사람의 "나 때" 이야기를 듣다 보니, 면접은 한 시간을 훌쩍 넘겼고 나는 지루함을 애써 감추고 있었다. 그때 사업부장이 "형님 밥 먹으러 가야지요"라고 말하자 드디어 면접이 끝났다.

며칠 후 면접 결과를 연락받았다. 그다음 주 월요일부터 바로 출근을 요구해, 일주일 만에 회장님을 다시 만났고, 나는 장애인복지를 접하게 되었다.

장애인과 관련된 많은 단체가 사단법인으로 만들어져 활동하고 있다. 그중 한 곳에서 일하며 새로운 세계를 만난 듯 경험하고 배운 것이 많다. 면접 과정이 그랬듯 처음에는 생소한 분위기에 어색했지만, 시간이 지나면서 사무실 사람들이 둥글

둥글하게 함께 어울려 살아가는 모습을 보았다. 정해진 틀이 딱딱하지 않았고, 복잡한 절차를 가지고 있지 않았고, 업무를 넘치지도 모자라지도 않게 했다. 회장님은 2년 동안 함께 일하면서 장애인으로 존재하고 살아온 여정 이야기를 틈틈이 들려줬다. 모아 두었던 회장님의 인생 퍼즐을 맞춰보면서 장애인단체와 장애인복지 발자취를 알고 더 이해할 수가 있었다.

그는 6.25 전쟁 직전에 태어나, 어려운 유년 시절을 보내며 중학교를 중퇴하고 공장일을 시작했다. 군대 갈 나이가 되어 육군에 입대했다가 1970년 맹호부대에 지원하여 월남전에 파병되었고, 그곳에서 군대 생활을 마쳤다. 인생을 본격적으로 시작한 30대 중반에 뜻하지 않은 교통사고는 인생을 바꾸어 놓았다. 왼쪽 팔을 잃고 장애인이 되어 모든 것을 포기하고 죽음도 몇 번 시도했다. 그때마다 용기를 주는 장애인이 있어서 덕분에 제2의 인생을 시작했다. 장애인복지가 생소했던 그때는 오직 자립으로 살아갈 수밖에 없었고, 혼자 일하기 어려운 장애인은 짝을 지어 서로 힘을 합쳐서 일하기도 했다. 그때 둘이 일하며 대박을 터트린 일화가 있다. 지금은 사라진 동대문운동장 근처에는 노점상이나 야시장이 많이 있었는데, 그는 그곳에서 붕어빵 장사로 많은 돈을 벌었다. 비결은, 붕어빵 조리법을 고민하다가 한번은 새우깡을 갈아서 반죽에 넣어봤다. 그런데 기대하지 않았던 정말 색다르고 맛있는 붕어빵이 만들어졌고, 줄 서서 사 먹는 가게가 되었다. 그다음부터 매일 일을 마치고 오는 길에 동료와 헤어져 새우깡을 사서 다시 만났고 늦은 밤까지 다음날 장사를 준비했다. 이것은 1급 사업 비밀이 되었고 새우깡을 사 오고, 봉지를 흔적 없이 처리하는 작전을 여러 가지로 바꿔가며 했다.

장애인끼리 서로 의지하고 모여서 고충을 이야기하다 장애인단체에 가입하고 지회를 만들었다. 그리고 장애인복지가 불모지나 다름없는 답답한 우리나라의 현실을 바꿔 보겠다고 회원들과 함께 장애인복지를 위한 사회 운동을 했다. 작은 컨테이너 사무실에 터전을 잡고 본격적으로 내 지역 장애인복지를 시작했다. 동료들과 두 발로 열심히 뛰어다녔지만, 여전히 힘은 없고 아무것도 이루어지는 것은 없었다. 그렇다고 보고만 있을 수는 없어서 회원을 모아 '장애인 차별철폐 투쟁가'를 부르며 몸으로 부딪치고 투쟁했다. 서울시 18개 구청 사회복지과를 방문해서 장애인 등록현황을 받고, 각 지역에 있는 장애인을 만나 장애인권익에 대하여 피력하고 지회설립을 추진했다. 구청을 수시로 드나들며 엘리베이터가 없는 5층 사회복지과를 1층으로 옮기는 것부터 바꾸었다. 공무원을 설득하여 구청 예산을 지원받아 장애인의 날 기념식을 장애인단체에서 개최했다. 1988년 하계 장애인 올림픽을 마무리하며 장애인에 대한 사회적 관심은 잠시 반짝했다. 그러나 우리 사회는 여전히 장애인차별과 멸시가 심했다. 그래서 장애인식 개선과 장애인복지에 조금 더 큰 힘을 보태기 위해 장애인연합회를 구성하고, 장애인복지관 설립 사업을 2000년에 시작해 부단히 노력한 결과 8년 만에 구청 예산이 책정되었다.

회원들 마음이 서로 통하면서 장애인은 하나를 도움받으면 아홉은 노력을 통해 스스로 만들어내는 것을 보았다. 그렇게 순탄할 줄 알았으나 주민들 반대로 사업이 거절되는 일이 있었다. 장애인 시설이 들어오면 지역 땅값이 떨어지고, 자녀 교육에 지장을 준다는 등의 이유 때문이었다. 이때 사업을 포기하지 않고 다시 10년을 더 투쟁한 결과로 구립장애인복지관이 완공되고 기공식에 참석했다.

얼마 전 대중 매체를 통해 장애인 관련 소식을 접했다. 출근 시간 지하철에서 장애인차별 철폐와 이동권 보장을 주장하는 시위가 있었다. 당사자가 나서지 못하는 발달장애인은 부모

연대를 결성하여 장애인 가족 지원강화를 촉구하는 시위를 했다. 이런 내용을 보면 회장님의 일생이 연상된다. 그동안 장애인복지를 위해서 장애인이 힘든 투쟁과 노력을 이어온 것이 사실이지만, 한편으로 지금의 장애인복지가 우리나라 경제발전과 더불어 이루어진 부분도 생각해 본다. 옛날 속담에 '울지 않는 아기 젖 주랴'라는 말이 있다. 그렇다. 가난 속에 모두 바쁘게 살던 때는 아기가 울어야 젖을 주었다. 하지만 요즘 아기엄마들은 시간을 맞추고 용량을 정해서 우유, 이유식을 먹인다. 이것이 적합한 비교인지는 모르겠지만, 이제는 장애인복지 발전 분야에서 일하는 입장도, 장애인 투쟁도 바뀌어야 한다고 생각한다. 회장님은 과거에 민주화운동, 노동운동, 농민운동 분야의 운동가는 법적 구제가 있었으나, 장애인 운동가는 구제를 못 받아서 아직도 전과자로 살고 있다고 아쉬움을 토로했다. 무엇이 잘못된 것일까? 장애인복지는 발전하는 과정에서 왜 유난히 성장통을 겪어야 할까?

올해 4월 20일 장애인의 날 기념식에 참석한 나는 장애인복지를 위해 헌신하신 영령들께 묵념하는 동안 머리를 더 깊이 숙일 수밖에 없었다. 장애인복지 사회복지사로서 경력이 한해 한해 더해갈 때마다 마음은 더 숙연해진다.

그의 행복한 발걸음

청계천이 내려다보이는 사무실 창가에 커다란 책상 두 개와 의자가 놓여있다. 한쪽 벽 책장에는 오래된 책들이 꽂혀 있다. 다른 쪽에는 정수기와 작은 휴지통이 있다. 창가로 스며드는 햇살을 받으며 책상에 앉아 책을 읽고 있는 한 사람이 있다. 그 모습이 마치 한 폭의 그림처럼 느껴져서 계속 바라보게 되었다.

"안녕하세요? 오늘 새로 온 사무국장입니다."

그에게 다가가 인사했다. 나를 흘끔 쳐다보더니 다시 책으로 시선을 돌리고, 아무런 말이 없다. 내 목소리가 들리지 않은 것인지, 혹시 몰라 더 큰 소리로 인사했지만, 역시나 그는 나를 거들떠보지도 않았다. 나는 혼자 머쓱해져 사무실을 나와 화장실로 갔다. 그러고는 그를 살펴보며 자리로 돌아와서 앞자리 직원에게 물었다.

"아아… 민철 씨요. 그냥 매일 나오는 사람이에요. 예전부터 사무실에 있었어요."

직원도 그렇게 말할 뿐, 더 이상 말하지 않았다. 궁금했지만, 재차 물어볼 일도 아니었다. 그저 속으로 '장애인이구나!' 하고 생각했을 따름이다.

민철 씨는 다운증후군으로 인한 장애인이었다. 현재 건물로 우리 장애인협회가 입주하기 전에는 빌라 건물을 임대해 사용했는데, 그곳에는 장애인 보호작업장이 있었다. 작업장에는 장애인 대여섯 명이 문구류를 포장해서 납품하는 일을 했다. 그때부터 민철 씨는 장애인협회와 인연을 맺었는데, 지금은 작업장이 없어져서 일을 못 하고 있다. 민철 씨는 매일 정확히 8시 30분에 출근해서 오후 4시가 되면 집으로 간다. 사무실에 오면 항상 같은 자리에 앉아 책을 펴놓는다. 한글을 알지만, 단어 위주로 쓸 뿐, 조사를 사용해서 연결하는 것까지는 하지 못한다.

입술을 오물오물하다 첫 마디를 꺼내고, 말하는 중간에 "응응" 소리를 넣어가면서 짧게 말하지만, 정확히 알아듣기는 어렵다. 들을 때는 짧고 쉬운 말은 이해하는데 나머지는 눈치로 알아차리는 것 같다. 항상 모자를 신경 써서 쓰고, 옷은 깨끗하게 입고, 깔끔하게 하고 다닌다. 자리와 가까운 정수기와 주변의 휴지통에 커피라도 묻어 있으면 바로바로 물휴지로 닦고 또 닦는다. 그러기 위해 사무실에 있는 물휴지를 많이 가져다가 감춰놓을 정도였다. 성격은 낙천적으로 작은 것에도 껄껄껄 웃기를 잘하고 혼자 노래를 흥얼거릴 때가 많다.

장애인협회는 노래교실을 포함해서 정기적으로 하는 프로그램이 있고, 크고 작은 행사를 주최할 때면 대부분 회원이 참가한다. 직원 중에는 지체장애인이 많아서 물건을 나르는 일에 일손이 부족할 때면 민철 씨에게 부탁했다. 그럴 때면 큰 소리로 껄껄껄 웃으며, "아이 참…, 아이 참…,"을 반복한다. 그 모습은 꼭 '나에게까지 일을 시키네! 내가 그렇게 필요해요?'라고 대답하는 것 같았다. 그리고 못 이기는 척 따라나서며 표정은 싱글벙글하고 있다. 큰 행사 준비로 물과 음료수를 사 오는 길에 차를 운전하면서 조수석에 앉아 있는 민철 씨에게 물었다.

"민철 씨… 몇 살이에요?"

잘 들었는지, 못 알아들었는지 그는 "응응" 소리를 내고 있다.

"나이 말이야, 나이… 몇 살이에요?"

그랬더니 또박또박 대답한다.

"마. 흔. 응응.... 일. 곱. 이. 요."

항상 모자를 쓰고 있어서 정확한 나이를 가늠하기가 어려웠다. 나보다는 적은 나이였지만 생각했던 것보다는 많았다. 이어서 더 말을 걸어봤다.

"민철 씨는 잘하는 게 뭐예요?"

"나요? 응응…. 노래요. 가수 되고 싶어요."

"가수요? 노래 진짜 잘해요? 그럼 노래 한번 해봐요."

"하하하하…, 나 참…!!"

크게 웃고 나서 쑥스러운 표정을 짓다가 입을 오물오물하며 노래를 준비한다.

> 꽃 피는 동백섬에 봄이 왔건만
>
> 형제 떠난 부산항에 갈매기만 슬피 우네.

아마도 "돌아와요 부산항에"가 본인의 애창곡이었는지, 제법 잘했다. 말하는 것에 비해서 발음이 더 정확하고 음정도 잘 집어 가며 생각보다 잘했다. "민철 씨 노래 잘하네…" 하고 칭찬을 해주자 껄껄껄 웃으며 어깨를 들썩였다. 이틀이 지나고 사무실에서 슬금슬금 내 자리로 다가오더니 쪽지를 내밀었다. 펼쳐봤더니 노래 제목이 한 개 적혀있었고 뭔가를 부탁하는 내용이었다.

부탁하는 말을 되묻고 확인해서 알아낸 것은, 노래 가사를 컴퓨터에서 찾아 프린트해달라는 것이었다. 그래서 인터넷에서 가사를 찾아 한글파일로 만들고 큰 글씨로 프린트해서 주었다. 노래 제목과 가사를 확인하더니 껄껄껄 웃으며 좋아하는데 그런 모습은 처음 봤다. 민철 씨의 노래에 대한 열정은 그뿐이 아니었다. 장애인협회에서 운영하는 노래교실에는 만사를 제쳐두고 긴급 출동대원처럼 급하게 준비 과정을 거쳐서 간다. 출근하자마자 사무실에 보관하고 다니는 흰 와이셔츠에 넥타이까지 매고, 파란색 양복 상의로 갈아입고 강당에서 진행하는 노래교실로 발걸음을 옮긴다.

노래교실이 있는 전날 오후에는 소리 없이 사라져서 장미 한 송이를 사 온다. 그리고 플라스틱 작은 물병에 물을 담아 장미를 꽂아서 창가에 두고 퇴근한다. 노래교실을 하는 강당 문을 열기도 전에 기다리고 있다가, 맨 앞자리를 차지하고 앉아서 노래 강사를 기다린다. 그리고 노래 강습을 시작할 무렵에 무대로 나가 강사 앞에서 한쪽 무릎을 꿇고 꽃을 올려준다. 그 모습에 사람들은 긴장을 풀고 화기애애한 분위기가 된다. 그 순간 민철 씨는 이 무대의 주인공이 되고, 눈부신 조명 아래에서 단독으로 노래 부르는 가수처럼, 그는 마이크를 잡는다.

민철 씨는 어머니와 살다가 어머니가 돌아가신 후부터 형님과 살기 시작했다. 어떤 심적인 변화가 있었는지 모르겠지만, 그 시점부터 술에 취해 나타나는 날들이 많았다. 하루는 점심시간이었는데 술에 잔뜩 취해서 들어왔다. 사무실에 들어오면서부터 욕을 섞은 알 수 없는 말을 하며 시끄럽게 했다. 잠시 지켜보고 있어도 조용해지지 않아서 말을 걸었다.

"민철 씨 술 먹었어요?"

"에이... 저리 비켜요!!"

평소에 다른 사람의 말은 안 들어도 내 말은 잘 듣는 편이었는데, 술에 취하니 태도가 달라져서 의아한 기분이었다. 며칠 뒤에도 같은 일이 반복되었다. 이번에는 점심시간이 한참 지나서 술에 많이 취한 모습으로 나타났다. 주변 사람들 이야기를 들어보니 점심은 안 먹고 편의점에서 소주를 안주도 없이 병째로 마시는 것을 보았다고 했다. 이야기를 해봐야겠다고 생각했고, 어쩌면 잔소리처럼 들릴 말을 민철 씨에게 했다. 그랬더니 삐졌는지 행동이 더 엇나가기 시작했다. 이후부터 나와는 말도 하지 않고, 쳐다보려 하지도 않았다. 길거리나 복도에서 마주 오면 멀리서부터 옆으로 돌아서서 내가 지나갈 때까지 부동자세로 있기도 했다. 어떻게 보면 재미있는 행동이기도 해서 한동안 지켜봤는데, 그리 오래가지 않았다. 그렇게 냉랭한 분위기를 지속하는 것이 민철 씨에게는 아쉬웠는지, 일주일이 지나고는 마치 아무 일도 없었다는 듯 메모지에 또 노래 제목을 적어서 들고 왔다. 어떤 일이 있는지는 모르겠지만 민철 씨가 술을 적게 마셨으면 좋겠다.

코로나19로 '사회적 거리두기'가 시작되고, 사무실에 직원 외엔 출입이 제한되면서 아주 곤란한 상황이 되었다. 민철 씨에게 코로나를 설명하고 사무실에 나오지 말라는 말을 알렸는데 통하질 않았다. 아무리 설명하고 글씨로 써서 보여줘도 멀뚱멀뚱 쳐다보다가 뒷짐을 지고 슬쩍 등을 돌렸다. 얼굴에 대고 두 번, 세 번 외치고 난 후에야 고개를 약간 끄덕끄덕했다. 그런데 다음 날에 또 출근 시간에 나타났다. 수소문해서 알아낸 형님 전화번호로 전화를 걸어 민철 씨가 사무실에 나오지 못하도록 해달라고 부탁했다. 그러나 여전히 민철 씨는 건물 주변을 맴돌았다. 형님에게 다시 전화해서 사정을 들어보니 아침마다 신발을 감추고, 문을 잠그고 붙잡아도 막무가내로 나간다는 것이었다. 그렇게 한동안 적응하는 과정을 거친 후에야 민철 씨는 집에서 나오지 않고 잘 생활했다고 한다.

사무실에 있는 동안 민철 씨와 '고운 정 미운 정'이 다 들었던 것 같다. 직원처럼 사무실에 출근해 장애인협회 울타리 안에서 소소한 낙을 찾던 민철 씨. 아이처럼 마냥 순수하기만 했던 사람…. 그가 태어난 시절에는 요즘처럼 놀이치료, 언어치료, 감각통합치료 같은 프로그램이 흔치 않았고, 제대로 된 치료를 받아보지도 못했을 것이다. 그가 사무실을 집이나 직장처럼 생각하며 드나들었던 것이 그래서 이해가 되기도 한다.

"엄마야! 바퀴벌레!"

갑자기 사무실 창가 정수기 쪽에서 여자 직원이 놀라서 소리를 쳤다.

"아니 그동안 없던 바퀴벌레가 생겼어요."

직원들이 웅성대며 몰려들었다.

순간 나는 정수기 주변을 쓸고 닦던 민철 씨 얼굴이 가장 먼저 떠올랐다.

노래가 명약이에요

"노래 한 소절 뽑으셔야죠!"

누군가의 목소리가 허공으로 튀어 오르자 둑이 무너지듯 박수와 환호가 시작되었다. 그럴 생각은 전혀 아니었지만, 공지할 사항이 있어 잠시 무대에 올라 마이크를 잡은 것뿐이었는데 그런 자초지종이 무색하게도 나에게 노래해야 하는 상황이 펼쳐졌다. 까마득했다. 내가 다른 사람들 앞에서 노래를 불러본 기억이 언제였나. 그 순간의 기억을 되찾아야만 노래를 부를 수 있을 것 같았다. 그러다 겨우 기억해낸 것이 군 복무 시절이었다. 위문공연에 왔던 가수 최진희의 '미련 때문에'가 불현듯 생각났다. 내가 살면서 처음으로 누군가의 노래를 좋아하게 되고, 따라 부르던 노래. 적당히 빠르고 신나는 노래라 그날의 분위기와 어울렸고, 나의 노래에 사람들은 손뼉을 치며 박자를 맞춰주었다.

노래는 사람들의 삶에 있어서 매우 중요한 역할을 한다. 감정을 표현하고, 사회적인 소통과 연대감을 형성한다. 요즘 많은 곳에서 노래교실을 운영하는 것도 그런 이유 때문일 것이다. 동대문구에는 장애인협회에서 운영하는 '어울림 노래교실'이 있다. 100석 규모의 강당에서 일주일에 두 번, 오전 시간에 운영한다. 장애인과 비장애인이 함께한다. 하루에 80명이 참석할 정도로 큰 규모의 수업이다. 연령대는 60대와 70대가 대부분이고, 80세가 넘은 어르신도 열 명 가까이 된다. 성별은 대부분 여성이고, 남성은 열 명 정도로 비교적 적은 편이다.

나는 장애인협회에서 일하면서 이 '어울림 노래교실' 프로그램을 7년째 관리하고 있다. 미리 음향 장비와 영상 장비를 세팅하고, 의자를 배열하고, 회원 출석을 확인하는 일이다. 그리고 가끔 공지 사항이 있을 때 앞에 나가서 전달하는 것이 전부다.

노래교실 회원들은 비가 오나 눈이 오나 궂은 날씨에도 목숨을 걸고 나온다. 노래를 부르고 배우는 열정이 너무나 높다. 회원들은 가족과 같은 친목을 유지하고, 얼굴에서는 행복한 감정이 미소로 묻어 나온다.

노래교실 시작은 신청곡 부르기부터다. 신청자가 많지만, 스무 명 정도만 받고 시간상 1절만 부른다. 비록 1절만 부르는 짧은 시간이지만, 노래에 감정을 풀어 던지고 나면 마음이 열리고 스트레스가 해소된다. 신청곡 부르기가 끝나면 노래 강사는 신나는 곡으로 분위기를 전환하고 모두 일어나게 한다. 그리고 박자에 맞춰 스트레칭을 시작하고 한바탕 댄스 타임으로 마무리 짓는다. 그리고 이어서 노래 강습이 시작되는데, 모두가 빠져들어 노랫말을 한마디씩 반복하며 연습한다. 중간쯤에 이르면 강사는 재미있는 이야깃거리를 찾아와서 들려주곤 한다. 때로는 59금 이야기를 실감 나게 하고 사람들은 그 이야기를 들으며 박장대소를 한다.

지역에서 가수로도 활동하고 있는 노래 강사는 열정이 넘친다. 그 때문인지 몰라도 인기가 참 많고 팬클럽도 있다. 그의 항상 웃는 얼굴은 노래교실 회원들 얼굴에도 미소를 짓게 만들고, 열정으로 가르치는 노래는 회원에게 에너지가 되어 전달된다. 이런 분위기 탓에 노래교실은 소문이 났다. 장애인과 비장애인이 잘 어울리게 된 데는 노래 강사의 역할이 컸다.

장애인협회는 장애인 회원을 위해 만들어지고 운영되는 단체다. 하지만 노래교실은 회원을 제한하지 않고 '어울림'이라는 명목으로 함께하는 프로그램이다. 그래서 노래교실에 오는 사람들은 참으로 각양각색이다. 유모차처럼 생긴 보조기에 몸을 의지하고 오는 장애인과 어르신, 지팡이를 짚고 작은 걸음이지만 항상 제시간에 오는 사람, 활동지원사와 함께 오는 시각장애인, 두 손을 꼭 붙잡고 오는 부부, 엄마를 모시고 오는 딸, 노래를 좋아하는 자매, 친구와 항상 같이 다니는 단짝들… 이렇게 다양한 사람들이 모였지만, 서로 길고 짧음을 비교하지 않고 돕고 위하면서 정이 오간다. 이런 관계를 보면서 함께하는 것이 서로를 이해하는 최고의 방법이라는 것을 알았다. '장애 인식개선'을 앞세운 사회 운동이나 그 어떤 노력보다 '어울림 노래교실'이 더 큰 성과를 주고 있는 것 같다는 생각도 들었다.

코로나 이전에는 함께 당일치기 여행도 다녔었다. 회원들이 자체적으로 회비를 매달 모으고, 부족한 금액은 장애인협회에서 후원해서 봄과 가을에 관광여행을 했다. 학창 시절 수학여행을 떠나는 것처럼, 여행을 떠나는 당일에는 모두의 목소리가 반 옥타브 올라가서 시끌시끌하다. 나는 버스 안에서 사람들이 그토록 즐거워하는 이유를 들었다. 노래교실에서 만난 사람들과 가는 여행이 가족여행보다 더 재미있고 부담이 없다는 것이었다. 아마도 비슷한 또래의 사람들과 가는 여행이라 눈치 볼 것이 없고, 그래서 어쩌면 더 재미있게 놀 수 있는 것 같다.

코로나 기간에는 장애인 활동이 멈춘 세상이었다. 갑갑한 마음에 언제쯤 노래교실을 다시 운영하는지 확인하는 전화가 많이 왔다. 그래서 코로나 사정에 따라 노래교실을 다시 운영하다 중단하기를 반복했다. 노래교실이 중단되면 회원들은 또다시 얼마나 기약 없는 시간을 보내야 할지 실망감을 전해왔다. 시간은 조용하고 답답하게 흘러갔다.

일상 회복 후 노래교실에 다시 웃음소리가 시작되었다. 어느 날 공지 사항을 전달하기 위해 무대에 올랐는데, 누군가 노래를 청했고, 순간 머릿속이 하얗게 되었지만, 적당히 빠르고 신나는 '미련 때문에'를 생각해 냈고, 사람들 앞에서 그 노래를 불렀다.

강사님이 잘한다고 치켜세워 주면서 "앵콜!" 하고 외쳐주셨다. 조금 당황스러웠지만, 그냥 무대를 내려가는 것은 또 성의가 없어 보여서, 노래를 한 곡 더하고 배꼽 인사를 깍듯이 하고 무대를 내려왔다. 이렇게 노래를 한번 부르고 나서는 신기하게 만나는 사람들 반응이 달라졌다. 먼저 웃으며 인사를 건네는 사람이 늘었고 친숙함이 더 커졌다. 나 또한 회원들과 사이가 가까워진 듯했고, 더 다정하게 다가가 웃음으로 인사를 했다.

일주일에 두 번씩 보는 얼굴들이 모두 다 친근하게 다가오고, 안 보면 궁금해지는 것은 나만이 아닐 것이다. 장애인 '어울림 노래교실'은 이제 한 가족이 되었고, 노래는 사랑을 싣고 모두에게 행복을 만들어 주는 명약이 되었다. 앞으로도 '어울림 노래교실'이 회원 모두의 인생을 밝게 하는 등불이 되고, 지금보다 더 정이 넘치는 사랑방이 되도록 꾸며가겠다.

나의 응원일지

번드르르하게 윤기가 흐르는 머리는 2:8로 가르마를 타서 두 조각으로 붙여 놓았고, 양복에 넥타이를 매고 긴 코트까지 차려입고 왔다. 나이는 마흔 살 정도 되어 보였다. 키가 크고 얼굴도 커 보이는데 그보다 배가 제일 먼저 눈에 들어왔다.

매년 구청에서는 장애인 일자리를 선발하여 여러 기관에서 일 하도록 선발자들을 보낸다. 우리 장애인협회에도 일곱 명이 배정되었다. 지난해에 일했던 사람도 있고 새로 온 사람은 세 명이었는데, 그중에, 눈에 띄는 한 사람이 있었다.

대부분 편한 복장으로 출근하는 터라 '첫 출근이라서 정장 차림을 했구나'라고 생각했다. 나는 새로 온 두 명에게 신상명세서를 쓰게 하려고 별도로 불러 상담실에 가서 앉았다. 그때 눈에 띄었던 사람이 가방에서 서류 같은 것을 한 뭉치 꺼내 늘어놓으며 먼저 이야기를 시작했다.

"저는요. 대학원에서 사회복지를 공부했습니다. 이건 제가 최초로 99 × 99단을 만들어서 저작권 등록한 논문입니다. 그리구……."

"아! 네, 알겠습니다."

설명이 길어질 것 같아서 나는 서둘러 말을 끊었다. 하지만 그 첫 모습은 인상 깊게 다가왔고, 며칠 동안 그의 모습이 머릿속을 맴돌았다.

그는 나와 같은 부서로 배정되었다. 나는 그의 성을 따서 '구 씨'라고 불렀다. 예전에 재미있게 보았던 드라마 주인공의 극 중 이름도 '구 씨'였고, 털털한 성격으로 일하는 모습이 그 주인공과 비슷해 보였다. 그래서 그와 친해지고부터는 자연스럽게 그런 친근감 있는 호칭을 사용하게 되었다.

구 씨는 한눈에 봐도 배가 많이 나왔고, 비만이었다. 그런 그에게 "살 좀 빼셔야겠어요."라는 말을 종종 했다. 그러나 그는 항상 대답 대신 큰 소리로 웃을 뿐이었다. 배꼽 위에 있는 와이셔츠 단추는 힘겹게 버티느라 항상 한쪽 어깨선이 기울어져 있었다. 나는 그를 운동시켜야겠다고 마음먹었다. 구내식당에서 점심을 먹은 후 남는 시간에 사무실에서 가까운 청계천을 함께 걸었다. 구 씨는 일이든 운동이든 잘 따르는 편인데, 말이 많은 편이었다. 물어보지도 않았는데 구 씨는 본인 이야기와 자랑을 걷는 동안 한 보따리 풀어놓곤 했다. 그렇게 나는 그의 일대기를 전해 들을 수 있었다.

구 씨는 세 살 때 부모님이 이혼하고 아버지, 할머니, 할아버지와 살았다. 어려서부터 병치레를 많이 하던 그는 중학교 때 뇌전증이 있는 것을 알았다. 증세가 나타날 때마다 넘어지면서 상처를 입고 이빨이 부러져서, 지금 윗니는 틀니를 하고 있다. 거기에 조현병까지 있어서 정신장애 판정을 받았고, 지금도 여러 가지 약을 먹고 있다고 했다. 집안에서는 장손인 구 씨의 병을 고치기 위해 노력했다. 할아버지께서 극진히 애를 쓰시다가 돌아가시고부터 기초생활수급자가 되었다. 아버지는 건강이 좋지 않은 상태에서도 술을 좋아한 나머지 알코올 중독 상태라 했다. 구 씨는 세 살부터 할머니 손에서 키워졌다. 할아버지가 돌아가신 후에는 구 씨가 할머니를 돌봐야 했다. 이런 상황에서 고등학교 진학은 언감생심이었고 그는 검정고시로 학업을 마쳤다. 할머니가 돌아가시고 구 씨는 장애인 임대 아파트로 분가해서 살았다. 아버지는 재혼했는데, 알코올 중독으로 생활 능력이 없었고 재혼한 새어머니는 정신장애인이라고 했다. 두 분은 동네 병원 정도는 다니는데 큰 병원에 다니기는 어려워서 구 씨가 동행해야 했고, 그런 이유로 수시로 휴가를 내야만 했다. 휴가가 모자라면 결근하기도 했다.

『성공하려면 하버드처럼』이라는 책이 있다. 이 책에는 '간접으로나마 하버드를 체험하고 하버드의 지혜와 사상을 받아들여서, 그 정신에 따라 성공적인 삶을 이루는 것이 책의 최종 목표'라고 적혀있다. 세계 최고 대학의 지식과 엘리트 양성과정을 입체적, 직관적으로 설명해서 본받도록 소개하는 책이다. 구 씨는 자신이 설 수 있는 최고 자리를 선택하는 도전정신이 있었고, 그래서 마치 그 책의 예시를 보는 것 같았다. 불편하기도 하고 새 옷의 뻣뻣함이 사라지기도 했지만, 그는 항상 정장을 갖춰 입으려 최선의 노력을 했다. 방송통신대학교 법학과에 들어가서 한 학기를 다녔다고 했다. 생각보다 힘들고 환경이 뒷받침해주지 않아서 자퇴하고 경희대학교 사이버대학을 다시 선택

했다. 그리고 경희대학교 공공대학원에서 석사과정까지 공부했다. 교회를 열심히 다니는 그는 멀리 있는 여의도의 큰 교회로 간다. 초등학교부터 수학을 잘했고 99 × 99단을 연구하여 한국수학교육학회에 제출하여 저작권위원회 심의를 거쳐 저작권 등록증을 받고 '지식재산권료'를 받는다고 했다.

9월 어느 날 구 씨가 자기소개서를 나에게 내밀었다.
"갑자기 이게 뭐예요?"
"교육공무직원 채용에 응시해 보게요. 장애인 채용 분야가 있어서요."
"여기는 그만두게요?"
"아니요. 합격하면 내년부터 일하는 거예요. 자소서 쓴 것 한번 봐주세요."
그렇게 말하며 구 씨는 멋쩍은 웃음을 지어 보였다.
구 씨는 그동안 취업을 위한 자소서를 써본 경험이 많지 않았다. 내용을 들여다보니 간단하게 본인을 소개하는 정도로, 교육공무직원 직무에 초점을 맞춰 경력이나 강점을 소개하는 부분이 약해 보였다. 더욱이 심사하는 사람의 마음을 움직이게 하기에도 부족해 보였다. 나는 볼펜으로 고쳐보려고 하다가 파일을 열어 구 씨에게 물어가며 현재 하고 있는 업무 내용을 포함해서 소개서를 다시 작성해 주었다. 그리고 내심 잘되기를 바랐지만 구 씨의 병력을 알고 있는 나는 마음 한편이 무겁게 느껴졌다. 자기소개서를 함께 고치며 좋아하던 구 씨는 서류심사를 통과하고 면접시험을 봤으나 불합격 결과에 실망하고 말았다.

연말이 되어 구 씨는 장애인 일자리를 또 신청했지만, 그마저도 좋은 결과를 얻지 못했다. 일 년 동안 일하면서 기초생활수급자에서 벗어났으나, 다시 수급자가 될 수밖에 없는 상황이 되었다. 수급자가 되고 능력껏 다른 일을 병행할 수 있으면 좋으련만, 일정액 이상의 소득이 발생하면 수급자에서 탈락하는 것이 현실이었다.

한동안 소식이 없는 구 씨 안부가 궁금해서 전화해 봤다. 실업급여를 받고 생활하면서 공무원 시험 준비를 하고 있다고 했다. 나는 구 씨가 작년에 교육공무직원 채용에서 실패했던 일이 떠올라 걱정이 먼저 되어 조용하게 물어봤다.

"무슨 공무원 시험인데요?"

"지방공무원 시험인데 중증장애인 경력공채가 있어요. 저는 서류전형과 면접만 봐요. 사회복지사 자격증 있고 석사학위 있어서 자격이 된데요."

"그럼, 구 씨는 무조건 합격이겠네! 자기소개서는 옛날에 써놓은 거 있지? 그것으로 더 잘 만들고 면접은 따로 코치를 받아봐요."

생각도 안 했던 말들이 툭툭 튀어나왔다.

"네네, 면접 보는 거 유튜브 영상 보면서 준비 많이 하고 있어요."

이번에는 내 마음이 희망 반, 걱정 반으로 나누어졌다. 그러다가 '구 씨는 성공할 거야'하는 믿음이 추가되면서 희망 쪽으로 마음이 기울었다. 구 씨의 앞날을 위하여 마음속으로 응원했다.

좋아서 하는 일은
지치지 않아요

　영어를 배우고 중국어, 일본어도 공부해 봤지만, 수어만큼 열심히 배우고 흥미를 느끼면서 공부한 적은 없었다. 내가 수어를 배운 강사 중 한 명도 연기 지망생이었는데 수어를 시작하고 연기하는 듯한 매력에 빠져서 수어 강사까지 되었다고 했다.

　새해 들어 2월부터 장애인단체 회원에게 미용 봉사를 시작했다. '1365자원봉사포털'에서 미용사를 모집해서 한 달에 두 번 둘째, 넷째 주 수요일에 했다. 지체장애인협회, 농아인협회, 시각장애인연합회 회원에게 홍보하고 미용 봉사를 두 번째 하는 날이었다. 미용 봉사하는 교육실에 가보았는데 한 명이 기다리고 있고 잠시 뒤 새로 한 명이 왔다. 미용 봉사를 보조하는 사회복지사 직원이 예약 명단을 확인한다. "예약하셨어요? 성함이 어떻게 되세요?" 그런데 그분은 직원 얼굴을 빤히 쳐다보며 우뚝 서 있더니 수어를 했다. 그때 놀라운 것은 사회복지사 직원이 수어로 안내하는 것이었다. 지난해부터 같이 일하는 사회복지사 민지 선생님이 수어를 하는 것을 보고 놀랐다기보다 궁금증이 더 컸다. "민지 선생님 수어 할 줄 알아요?" "예, 조금 할 줄 알아요." 하면서 쑥스러워했다. 나중에 민지 선생님은 저희 아버지가 농인이세요. 하고 살짝 말해줬다. 나는 농아인협회에 미용 봉사를 홍보하고도 농인이 오는 것에 대비하지 못했다. 그래서 바로 수어를 배워볼까 하는 마음이 들었다.

농아인협회에 수어를 배울 방법을 문의했더니 석 달 뒤에 수어 교실을 시작한다고 했다. 먼저 수어를 배우려면 인터넷에 동영상 자료가 많이 있으니 찾아보라고 했다. 컴퓨터를 사용하고 휴대 전화도 보면서 짬짬이 수어 공부를 시작했다. 인사말부터 시작해서 내용별로, 장소별로, 손 위치별로, 비슷한 수어 등 다양한 분류로 만들어진 교육자료가 있었다. 수어 공부를 시작하고 며칠이 지나서 체계적으로 해야겠다는 생각이 들었다. 수어 단어를 하루에 50개씩 공부하면서 그날그날 배운 단어는 엑셀 파일로 정리했다. 하루는 동물 이름 수어를 배웠는데 대부분 동물 특징으로 표현해서 구분하고 기억하기가 쉬웠다. 퇴근하고 저녁을 먹고 쉬면서 아내에게 동물 이름 수어를 맛보기로 세 가지 했는데 두 개를 맞췄다. 아내도 재미있어해서 내기를 제안했다. 열 문제 중 여섯 개를 맞추면 만 원을 주고, 못 맞추면 만 원을 받기로 하고 문제를 냈다. 코끼리, 새, 거북이, 고릴라를 연달아 맞췄다. 나는 장난기가 발동되어 조금 어려운 수어를 생각해 냈다. 사자, 고양이를 수어로 했는데 틀렸다. 네 문제가 남았고 두 문제를 맞혀야 하는 5:5 상황이 되었다. 닭을 문제로 냈는데 고개를 갸우뚱해서 영화 "집으로"에 나오는 할머니와 손자를 힌트로 줬는데 "소"라고 했다. 그리고 물고기 수어를 맞췄다. 남은 두 문제는 개구리, 원숭이를 했는데 틀렸다. 아내는 속았다고 하면서 만 원 대신 주먹세례를 퍼부었다.

수어를 배울수록 매료되었고 손놀림이 부드러워지는 것을 느꼈다. 손동작, 몸동작으로 표현하고 표정에 따라 뜻이 달라지는 수어는 정말로 연기하듯이 해야 한다. 두 달이 지나고 보니 단어가 1,300개 정도 기록되었고 생활 영어처럼 일상생활에 필요한 정도의 수어는 될 것 같았다. 그래서 진도를 안 나가고 처음부터 복습을 시작했는데 30% 정도밖에 기억이 안 났다. 나는 실망했다. 나이가 들면서 기억력이 이렇게 떨어졌나? 수어가 어려운 건가? 3주일이 걸려서 복습을 한번하고 다시 볼 때는 반 정도 기억이 났다. 두 번을 복습하고 나니 70% 정도 알 것 같았다. 나머지 30%는 항상 가물가물했다. 사실 수어는 가슴부터 얼굴까지 공간에서 이루어지는 손동작이 대부분이라서 헷갈리는 것이 많았다. 이번에는 비슷한 동작, 비슷한 내용 수어를 찾고 표시해 가면서 집중해 공부했다. 1,300개 단어 공부를 마무리할 때쯤 농아인협회에서 수어 교실을 시작했고, 직원 12명이 한 반을 만들었다. 나는 그동안 독학으로 공부해서 수업은 쉽게 따라 갔지만, 수어 강사를 만나자 선뜻 수어가 안 나왔다. 수어 강사는 농인으로 수어에 보디 랭기지를 더해서 강의했는데 정말 감성이 풍부했다. 수어 강사가 일찍 오는 날은 일부러 교실에 가서 인사부터 하고 수화를 시도했다. 수어 공부를 시작하고 넉 달 정도 지나서 나는 미용 봉사에 오는 농인을 만나면 인사하고 예약 확인과 순서를 알려주었다. 한 건물에 있는 농아인협회 농인을 엘리베이터에서, 구내식당에서 만나면 인사를 하고, 할 줄 아는 짧은 수어를 했다. 한번 인사를 나눈 농인은 다음에 만나면 먼저 인사하고 친구가 된듯했다.

가을이 시작될 무렵 어느 날 농아인협회 과장이 찾아왔다. 뜬금없이 결혼식 사회를 맡아 달라고 했다. 나는 주례를 할 나이에 무슨 사회를 부탁하냐고 말했다. 그런데 사정은 이랬다. 농인 회원 중 한 사람이 나이가 50이 넘어 결혼하는데 신부도 농인이다. 결혼을 2주 남짓 앞두고 주례 없이 예식을 하기로 해서 사회자로 내가 딱 이라는 것이다. 물론 사회를 수어로 하는 것은 아니지만, 거절할 수 없는 부탁인 것을 알고 승낙했다. 결혼식 사회를 처음 하는 터에 주례도 없다고 하니 부담도 되었지만, 이것 또한 장애인을 위해 내가 할 수 있는 일이라고 생각했다. 식순을 정하고 사회자 멘트를 작성해서 예식장과 수어통역사에게 보내주고, '실수라도 해서 실례가 되지 않을까?' 하는 걱정으로 연습을 많이 했다. 결혼식 진행은 신랑, 신부와 수어통역사를 보면서 침착하게 했다. 신랑은 결혼식 내내 싱글벙글했고, 예식이 끝나고 식당으로 신혼부부가 찾아와 감사의 인사를 극진하게 해서 몸 둘 바를 몰랐다. 그러면서 한편으로 행복하게 잘 살기를 바라는 부모 같은 심정이 들기도 했다.

수어를 배우고 TV에 수어통역사가 나오면 자동으로 시선이 갔다. 저녁 뉴스를 보면서 전문용어를 포함해서 빠르게 진행되는 수어는 잘 모르지만, 일기예보에 나오는 수어는 알 수 있었다. 수어에 흥미를 더해갈 무렵인 연말에 장애인협회 주최로 구청 강당에서 "장애인재활증진대회"가 있었다. 장애인의 사회 참여 기회를 높이기 위해 한 해 동안 운영하는 프로그램에서, 장애인이 배운 활동을 발표하는 행사다. 나는 수어를 함께 배운 직원들에게 수어 노래를 연습해서 무대에 나가자고 제안했다. 그러나 직원들은 고개를 설레설레 흔들었다. 하지만 나는 쉬운 노래를 골라서 해보자고 설득해서 연습하기로 했다. 수어통역사 도움을 받아 곡목을 "안동역에서"로 결정하고 일주일은 동영상으로 각자 연습하고, 일주일은 모여서 연습했다. 전주곡과 간주곡에 맞게 율동을 만들고, 수어 동작을 맞추고, 응용도 하고… 나는 총감독 역할을 했다. 행사 당일 검은색 옷으로 복장을 통일하고 10명이 두 줄로 무대에 올랐다. 전주곡에 맞춰 율동이 끝나고 노래가 시작되면서 빠른 노래를 바쁘게 따라가는 손들이 보였다. 관객반응은 의외로 좋았고 앙코르 소리도 들렸다. 하지만 더 연습한 곡이 없어서 그냥 무대를 내려와야 했다. 무대 아래에서 농아인협회 회장이 기다리고 있다가 공연한 직원 한 사람 한 사람에게 두 손으로 엄지척을 보냈다.

　수어 노래 공연이 있고 며칠 후 공연에 도움을 주었던 수어통역사를 만났다. 서로 감사 인사를 전하고 수어에 관해 이야기를 나누면서 수어의 현실을 조금 더 알 수 있었다. 우리나라는 2016년에 수어가 2번째 법정 공용어(국어 다음으로)가 되었다. 코로나19 발생으로 수어 통역과 함께 시작된 정례브리핑은 청각장애인의 귀와 입이 되었다. 정부가 모든 국민에게 수어를 법정 공용어로 인정한 것을 알려주는 계기가 되었고 청각장애인에게 알권리와 높은 정보 접근성을 제공했다. 아쉬운 것은 코로나 이후에 행사장, 병원, 약국 등 많은 곳에서 수어통역을 필요로 하는데 수어통역사가 부족하다고 했다. 수어는 시각 언어로 수화(手話)라고도 하는데, 눈으로 보고 손과 몸으로 표현하는 언어 체계를 말한다. 수어는 손동작과 몸짓, 표정까지 함께해야 정확한 의미가 전달되는데, 몸동작의 크기나 방향에 따라 다른 의미가 된다. 그래서 수어를 할 때 마스크를 쓰지 않는 것도 그 이유이다. 수어가 가장 매력적인 것은 항상 상대의 얼굴을 서로 마주 보고 감정을 느끼면서 대화한다는 점이다. 눈으로 상대에게 집중하고 웃으면서 이야기하는 언어인 수어. 많은 사람이 이 아름다운 언어를 알아봐 주면 좋겠다.

작가의 말

요차불피(樂此不疲), 좋아서 하는 일은 아무리 해도 지치지 않음을 이르는 말이다.

후한서에 나오는 글인데 함께 일했던 장애인협회 지회장 사무실에 족자로 걸려 있어서 알게 되었다. 장애인복지에 몸담은 사회복지사로서 가끔 되새기는 글귀다.

장애인과는 동떨어진 군대를 예편해서인지 장애인복지 업무가 처음에는 어색하고 불편했고 어려움도 많았다. 시간이 지나면서 이런 감정은 나 자신으로부터 기인한 어려움이라는 것을 알게 되었다. 정작 불편한 것은 장애인이었다. 그러한 사실을 깨닫게 되니 한 걸음 더 다가가게 되고, 해야 할 일들도 많아졌다. 어울려보지 않고서는 장애인에 대해 알 수 없다. 그래서 여러 가지 경험을 이번 글에 담았다.

장애인은 일상생활에서 편견이나 차별을 경험할 가능성이 더 높다. 이제는 다양한 삶의 방식을 가지고 개개인의 삶의 질을 높이도록 포용적이고 쉽게 접근할 수 있는 사회 환경을 만드는 것이 중요하다. 이번에 출간한 책을 많은 비장애인이 읽어 주시고 장애인을 이해하는 밀알이 되어 드넓고 푸른 밀밭이 가꾸어지기를 소망한다.

글솜씨가 없어서 글쓰기를 공부하며, 쓰고 지우기를 수 없이 반복했다. 함께 글을 쓰며 서로 세심하게 확인해 주고 도움을 준 동료 작가, 그리고 직접적으로 지원과 격려를 보내주신 여러분께 진심으로 감사를 표명한다.

김예림

작가소개

사람이 아니라 사회가 변화하는 세상을 꿈꾸는 사회복지사. 서울에 있는 장애인복지관에서 10년을 일했습니다. 지금은 다시 시작하기 위해 글을 쓰면서 숨을 고르는 시간을 보내고 있습니다.

완벽하지 않아서
사랑하게 되는 것들

10년 동안의 직장생활은 외장하드 하나, 작은 선물 상자 하나로 정리되었다. 퇴사 전 마지막으로 전자 결재 시스템에 접속하니 그동안 700개가 넘는 문서들이 결재 완료되었다고 알려준다. 외장하드에는 시스템에 상신되지 않은 온갖 자료들이 가득하다. 한 글자의 오타도 허용하지 않는 빼곡한 문서들을 보다 보면 주어진 일을 완벽하게 해내려고 애써온 팽팽한 마음이 느껴진다. 나에게 남은 다른 하나는 작은 선물 상자다. 그곳에는 추억이 담긴 물건과 편지가 있다. 복지관에 입사해 처음으로 받은 명함과 명찰에는 사회복지사라는 이름에 걸맞게 좋은 어른이 되고 싶은 마음이 어려있다. 세월이 흘러 빛이 바래더라도 나에게 그런 첫 마음이 있었다는 사실은 잊고 싶지 않다. 상자 속에는 손 편지들도 수북이 쌓여있다. 동료들의 위로와 응원이 담긴 편지도 있고, 당사자들이 삐뚤빼뚤한 글씨로 써준 쪽지도 있다. 구슬로 만든 팔찌나 자신이 좋아하는 포켓몬, 공룡, 내 얼굴 그림처럼 아기자기한 선물들도 들어있다. 이 상자를 열면 팽팽하게 긴장된 마음이 조금은 느슨해진다. 나와 당신에게 빈틈이 있더라도 서로를 채워주며 살아가면 된다고 말해 주는 것 같다. 외장하드 속 논리 정연한 문서들이 혼자서 '완벽'한 상태에 다다르기 위해 애쓰는 모습이라면 이 편지와 선물들은 있는 모습 그대로도 '온전'한 모습에 가깝다고 여겨진다.

내가 복지관에서 맡은 첫 번째 업무는 고등학교를 졸업한 발달장애인 분들이 사회에 잘 적응할 수 있도록 전환교육을 하는 것이었다. 성인이 되면 발달재활서비스가 종료되어 집에서만 머물게 되거나 직업훈련을 받아서 바로 취업하는 경우가 많았는데 그보다 다양한 사회 경험을 할 수 있도록 지원했다. 그때 세인[1]을 만났고 내 선물 상자에서 가장 많은 지분을 차지한 사

---
1) 세인은 복지관에서 진행된 성인기 전환교육 프로그램에 참여한 20대 발달장애 여성이다.

람 중 한 명이 되었다. 세인이 가장 잘하는 것은 사랑 고백이다. 순정 만화를 보며 갈고닦아온 솜씨인지 시도 때도 없이 사람들에게 고백 멘트를 날렸고, 수도 없이 거절당하고 잔소리를 들으면서도 멈추지 않았다.

> 안녕
>
> 난 마니또 야
>
> 난 너의 태양 너의 꽃이야
>
> 사랑해

세인은 엉뚱한 농담으로 날 웃길 때가 많았는데 때로는 눈물을 뚝뚝 흘리며 "지적장애가 뭐예요? 제가 장애인이에요?" 대답하기 어려운 질문들을 던지기도 했다. 우리는 가끔 슬퍼하고, 답답해하고, 화를 내기도 하면서 삶에서 마주친 문제들을 풀어 보려고 애썼다. 세인을 생각하면 항상 떠오르는 사건이 있다.

어느 해 나는 세인과 함께 피아노 듀엣곡을 연주하기로 했다. 한 해를 마무리하며 가족과 친구, 관계자들을 초대하는 자리였다. 몇 주 동안 세인과 함께 피아노 연습을 하며 많은 사람이 모이는 자리이니 잘하는 모습을 보여주자고, 절대 틀리면 안 된다고 채근하며 연습해나갔다. 사람들에게 세인이 잘하는 것이 무엇인지 보여주고 싶은 마음에 제안한 일이었다. 송년회가 시작되고 우리 차례가 다가왔다. 나는 피아노 앞에 앉아 연주를 시작하자마자 첫 번째 실수를 했다. 관객들이 격려의 박수를 보내는 동안 긴장된 마음을 다스리려고 애썼다. 두 번째 연주가 시작되고… 나는… 또다시 실수했다. 너무 긴장한 나머지 악보 순서를 바꿔 놓았는데 눈치채지 못한 것이다. 나도, 관객들도 당황한 나머지 적막이 흘렀다. 그때 세인이 평소처럼 느릿하게 웃음을 터트리며 나에게만 들리는 목소리로 말했다. "괜…찮…아" 우리는 세 번째 시도에 무사히 곡을 마칠 수 있었다. 관객들은 나만큼이나 긴장한 것 같았다. 안도하는 박수 소리에 새빨개진 얼굴로 감사 인사를 했다.

    자다가 이불을 차게 되는 이 사건은 창피했지만 나와 세인, 그리고 복지관에서 만나는 사람들과의 관계를 다시 생각하는 기회가 되었다. 세인은 연주가 끝난 후에도 내 실수는 전혀 신경 쓰지 않는 듯 보였다. 사람들에게 완벽하게 연주하는 모습을 보여주겠다는 마음이 아니라 나와 함께 연주하는 순간을 즐기는 마음이었기 때문에 부담을 갖거나 긴장하지 않고 평소처럼 담담하게 연주했다는 것을 느낄 수 있었다. 어쩐지 그 목소리를 오래 기억하고 싶었다. 사람들의 시선을 의식하며 더 빈틈없어 보이려고 애쓰고 실수한 자신을 자책할 때마다 '괜…찮…아' 그 느릿느릿한 목소리는 위로가 되었다. 어렸던 우리는 10년을 함께 보내며 같이 성장했다. 내가 세인을 이해하고 있다고 여겼지만, 사실은 세인이 나를 이해하고 있던 순간, 내가 세인을 돕고 있다고 여겼지만, 사실은 세인이 나를 돕고 있던 순간들을 발견하면서. 나를 위로하고 응원하던 그 목소리처럼, 애쓰고 있는 누군가에게 "괜찮아."라고 진심 어린 마음을 건네줄 수 있는, 그런 어른이 되고 싶다.

속도를 멈추지 못하는 사회에서

　많은 인원을 수용해야 하는 복지관 식당에는 각자에게 정해진 식사 시간이 있다. 직원들도, 프로그램을 이용하는 분들도, 심지어 옆 건물에 있는 주간보호센터와 비누 만드는 작업장에 다니는 분들까지 전부 이 작은 식당에서 식사해야 하니 식판을 들고 기다리는 줄이 길어지면 눈치껏 식사를 마치고 자리를 비켜주는 것이 미덕이다. 먹는 속도가 느린 나는 평균 15분 정도 되는 식사 시간이 급하게 느껴졌는데, 원만한 사회생활을 위해 적당히 먹고 일어나는 것으로 타협을 보았다. 그런데 나보다 느리면서 타협조차 하지 않는 자가 있었으니 바로 희우였다. 그에게는 반드시 지켜야 하는 규칙이 있었다. 오전 12시 정각에 핸드폰 알람을 맞춰놓고 딱 그 시간부터 밥을 먹기 시작하는 것이었다.

  다운증후군이 있는 희우는 성인기 전환교육 프로그램에 참여하는 동갑내기 친구였다. 아담한 체격과 동글동글한 이목구비, 한 박자 느린 반응, 느릿느릿 움직이는 모습을 보고 있으면 나무늘보가 떠올랐다. 그가 참여하는 프로그램 식사 시간은 11시 40분이었는데, 역시나 자신이 정한 루틴대로 20분을 기다렸다가 12시부터 밥을 먹기 시작했다. 많은 '선생님'들이 시간을 앞당겨 보려고 했지만, 그 고집을 꺾을 수 있는 사람은 아무도 없었다. 희우는 언제나 자기만의 속도로 느긋하게 밥을 먹었다. 숟가락 위에 천천히 밥을 올리고, 반찬을 올리고, 김도 한 장 올린 후에 작은 입을 오물거리면서 야무지게 먹었다. 식판은 밥알 한 톨 남김없이 깔끔한 상태로 돌려놓았다. 식당에서 일하는 분들은 분주한 분위기 속에서 혼자 코스요리를 먹듯 한가하게 구는 희우가 마음에 들지 않는지 자꾸 눈치를 주었다. 내가 '여긴 장애인복지관인데 좀 기다려주어야 하는 것 아니야?' 하는 속마음을 삼키며 표정 관리를 할 때도 그는 평온한 표정이었다. 식사 지도를 한다는 핑계로 식탁에 앉아 밥알을 하나하나

음미하는 얼굴을 보고 있으면 '네가 네 속도로 사는 것이 별문제가 되지 않는 세상에서 나도 살아 보고 싶다.' 하는 생각이 들었다. 희우는 자기만의 속도로 살겠다고 선언하는 사람이 아니었다. 그냥 그렇게 살아가고 있었고, 어쩌면 그렇게 살아갈 수밖에 없는 사람이기도 했다. 그에게는 어떤 결의도, 비장함도 없었지만 존재 자체로, 살아가는 모습 자체로 누군가에게는 선언 같은 존재가 되기도 했다.

희우는 내가 안다고 생각해온 장애에 대한 지식과 판단 기준을 무너뜨렸다. 어느 날은 방학을 맞아 희우 친구들과 함께 노래방에 가서 김종국 '사랑스러워', 거북이 '비행기', 인순이 '거위의 꿈'을 신나게 부르고 있었는데, 뇌전증이 있는 한 친구가 너무 흥분한 나머지 쓰러져서 발작을 했다. 이전부터 대비한 상황이었지만 대처할 사람은 나뿐이라는 생각에 셔츠 단추를 푸는 손이 덜덜 떨리고 있었다. 그때 희우가 허둥지둥 내 곁으로 다가와 쓰러진 친구를 붙잡고 쓰다듬기 시작했다. 어눌한 발음으로 "어떡해… 어떡해…"를 중얼거리며 울상을 짓고 있었다. 그 학생은 몇 분 뒤 깨어났고 별일 없이 하루를 마무리할 수 있었지만, 왜인지 희우가 내 곁으로 온 그 순간이 머릿속을 떠나지 않았다. 나는 희우를 가장 잘 알고 이해하는 사람이라고 생각했는데, 진심으로 친구처럼 여기며 존중한다고 생각했는데, 대화가 잘 이어지지 않는 희우가 감정에도 둔한 사람일 것이라고 섣불리 생각했던 것일까. 그 상황에서 친구가 아프다는 사실을 가장 먼저 알아차리고 걱정한 사람이 희우여서 사실 나는 조금 놀라고 당황했다. 그중에서 대화가 가장 잘 통하고 반장 역할을 해내던 친구가 제일 먼저 달려올 것이라고, 누군가의 아픔에 공감하고 도움을 주는 사람일 것이라고 여겨왔던 것일까. 나에게도 선입견이 있었다는 사실을 그때가 되어서야 깨달았다.

    더 많은 성과, 더 큰 성공만을 바라며 속도를 멈추지 못하는 사회에서 어떤 사람들은 장애를 지닌 사람을 쓸모없는 존재로 여기기도 한다. 하지만 내가 만난 '이희우'는 타인에게 인정받기 위해, 때로는 경쟁하기 위해 내달리던 걸음을 멈추고 인생에서 정말 소중한 가치가 무엇인지 질문하게 만드는 존재였다. 이제 사람을 좀 더 사람답게, 인생을 좀 더 인생답게 만들어 줄 것만 같던 그 질문들을 더 많은 사람과 나누고 싶다.

실패하며 성장할 권리

서른이 되던 해에 은평구로 이사를 왔다. 딱히 나이를 의식하며 살아 본 적 없는 나에게도 서른이라는 나이는 자연스럽게 삶의 전환점을 만들어 주었다. 오랫동안 날 품기도 하고 가두기도 했던 집과 가족들을 떠나 독립을 한 것은 그저 주어진 대로가 아니라 내가 원하는 삶을 꾸려나가고 싶은 마음 때문이었다. 부족한 돈으로 집을 구하고 스스로 지내는 법을 익히는 일이 쉽지만은 않았지만, 내가 좋아하는 것을 알아가고 가치관대로 살아가는 삶이 더 편안하고 만족스러웠다.

그해 복지관에서는 조직개편을 했고, 나는 발달장애인 분들이 지역사회에서 자립하도록 지원하는 업무를 맡았다. 아직 아는 것이 많지 않은데, 처음으로 가정방문을 다니며 당사자와 가족들이 겪는 어려움을 어떻게 해결해야 할지 고민했다. 그런 내게 동료는 이런 말을 했다. "그분들에게도 자신의 문제를 해결할 힘이 있으니 그걸 믿어 봐요." 그 조언은 내가 앞으로 나아갈 방향을 세우는 데 큰 도움이 되었다. 당사자 한 분 한 분에게 힘이 있다고 믿으니 낯설게 느껴지는 일도 용기 내어 시작할 수 있었다.

그때 언니와 함께 복지관을 찾은 보나 님을 처음 만났다. 발달장애를 지닌 보나 님은 어머니와 평생을 살았던 동네에서 자립하여 새롭게 출발하고 싶어 했다. 어머니가 돌아가신 후, 결혼 후 해외에서 살던 언니가 귀국해 함께 지낸다고 했다.

어머니는 배가 아파 들른 병원에서 대장암 진단을 받았고 아버지의 알츠하이머 증상도 심해졌다. 그런데 아버지를 요양원에 모시던 날, 어머니는 암이 아닌 심장병으로 돌아가셨다. 누구도 준비할 시간이 없는 갑작스러운 죽음이었다. 자식 걱정으로 눈도 편히 감지 못하고 돌아가실 수밖에 없는 세상이 원망스럽다고 언니는 말했다. 유품에는 거주시설 연락처가 적힌 종이가 있었다. 복지 서비스를 잘 알지 못했던 어머니는 장애를 지닌 자식이 독립해 살아가는 모습을 상상하기 어려웠을 것이다. 미래에 대한 걱정과 망설임이 담긴 종이는 형제들에게 고스란히 전달되었다. 언니는 천주교 세례까지 받으며 동생이 안전하게 지낼 수 있는 시설을 찾아다녔지만 좋은 시설이 없다는 것을 실감할 뿐이었다. 그렇게 일상을 내려놓고 고군분투하다 복지관을 찾았다고 했다.

보나 님은 등을 돌린 채 상담 테이블에 앉아 있었다. 언니와 대화를 나누면서 말을 건네 보기도 했지만, 고개를 숙인 채 아무런 말도 하지 않았다. 돌아가는 길에 자주 놀러 오시라고 했더니 "나중에요." 짧게 답할 뿐이었다. 나는 무엇보다 그녀의 마음이 궁금했다. 이 힘든 시간을 어떻게 견뎠는지, 앞으로 어떤 삶을 살아가고 싶은지 직접 이야기를 나눠보고 싶었다.

계획을 세우기 전, 4월 한 달 동안 서로를 알아가는 시간을 가지기로 했다. 첫날에는 동네에서 점심을 먹기로 하고 좋아하는 식당을 소개해달라고 했다. 보나 님은 30분 정도를 말없이 걸었고, 내 말을 이해했을지 궁금해질 때쯤 한 중국집에 도착했다. 어머니와 자장면을 먹던 곳이라고 했다. 밥을 먹고 산책하며 한결 편안해졌는지 이런저런 이야기를 시작했다. 그녀는 가족들, 특히 어머니를 많이 사랑하고 있는 것 같았다. 이 동네에서 평생을 함께 살았기에 곳곳에 추억이 많았다. 언니는 장례식에 가지 못한 동생이 돌아오지 않는 어머니를 기다리다가 어느 날 큰 소리로 울었다고 했다. 어머니와의 추억을 끊임없이 이야기하는 보나 님을 보면서 자기만의 방식으로 죽음을 애도하고 이별을 받아들이고 있다는 생각을 했다.

보나 님은 나를 만날 때마다 동네를 성큼성큼 돌아다니면서 좋아하는 장소를 소개해 주었다. 다리, 허리가 아플 때 가는 이마트 7층 안마기 코너, 공짜 커피를 슬쩍 뽑아 먹을 수 있는 인심 좋은 식당, 드라마 편성표를 검색할 수 있는 고객용 PC가 있는 은행, 혼자만의 시간을 보낼 수 있는 빈 예배실까지. 익숙한 동네를 걸어 다니는 그녀는 상담실 테이블에 앉아 있던 모습과는 다르게 자신감 있어 보였다. 계획을 세우기 전 마지막 만남에서 보나 님은 이런 말을 했다. "가평(가족들과 방문했던 장애인 거주시설)에 가는 것보다 지금이 훨씬 낫네요. 이제 나쁜 일은 그만 잊어버렸으면 좋겠어요!" 가족들과 평생을 살았던 동네에서 새롭게 출발하고 싶은 마음을 헤아릴 수 있었다.

5월, 우리는 자립계획을 세우기로 했다. 계획 회의에 초대할 사람들을 정하고 멋진 초대장도 만들었다. 초대장에는 회의 목적, 초대받은 사람들이 지켰으면 하는 약속을 적었다.

> 더 좋은 미래를 위해 꿈을 찾고 계획을 세우는 회의입니다. 소중한 사람들과 긍정적인 대화를 나누며 계획을 세우고, 서로가 도울 수 있는 역할을 정합니다.
>
> 　초대받은 사람들이 지켜야 할 약속
> 　- 서로의 말을 귀 기울여 듣겠습니다.
> 　- 더 좋은 미래를 생각하고 힘을 보태겠습니다.
> 　- 생각할 시간을 충분히 갖고 천천히 계획하겠습니다.
> 　- 새로운 아이디어를 받아들이고 다양한 의견을
> 　　존중하겠습니다.
> 　- 회의에서 주어지는 역할이나 부탁에 대해
> 　　솔직하게 대답하겠습니다.
> 　-마지막까지 서로를 존중하겠습니다.

　보나 님은 어머니가 예뻐했던 조카들을 가장 먼저 초대했다. 언니는 조카들이 평소에 보나에게 하지 못하게 제약하는 일이 많다며 초대하지 않으려고 했지만, 보나 님을 가장 많이 걱정하고 돕는 사람이기도 해서 온라인으로 회의를 지켜보면 어떨지 물으니 그것은 괜찮다고 했다. 회의 날에는 여러 사람의 도움을 받아 보나 님이 하는 이야기를 그림으로 그리며 계획을 세워

나갔다. 회의가 끝날 때쯤에는 직접 앞으로 나와 밑그림을 그리기도 했다. TV, 컴퓨터, 침대가 있는 방에 누워서 쉬기도 하고 자장면도 먹으며 혼자만의 시간을 보내는 모습이었다. 곁에 다른 사람들은 없어도 괜찮은지 물으니, 다시 펜 뚜껑을 열고 창문 밖에서 지켜주는 사람들을 그려 넣었다. 보나 님이 꿈꾸는 미래는 분명했다. 가족들과 평생을 살았던 익숙하고 편안한 동네에서 계속 잘 살아가는 것. 우리는 드라마를 좋아하는 보나 님의 계획서에 '새로운 드라마'라는 제목을 붙여주었다.

보나 님이 세운 계획서 '새로운 드라마'의 중요한 내용 중 하나는 한 달 정도 혼자 지내면서 실제로 자립해보는 것이었다. 집과 멀지 않은 곳에 있는 게스트하우스 사장님에게 취지를 설명

하니, 며칠을 고민하신 후, 장애가 있는 분을 만난 적은 없지만 도울만한 부분이 있다면 돕겠다며 복지관 사정에 맞춰 좋은 공간을 빌려주셨다. 보나 님과 함께 방문해서 '나 설명서[1]'를 전달하고 인사를 하자 게스트하우스에서 지내는 동안 옥상에서 직접 기른 상추, 부추, 토마토, 호박 등을 마음껏 수확해 먹으라고 하시기도 했다. 공간을 구한 후에도 가족들은 걱정이 많았다. "불이 날까 봐 걱정돼요. 선생님 주거조력자 없을 때는 전자레인지, 가스레인지 못 쓰게 했으면 좋겠어요.", "설거지시키면 거품이 다 그대로 남아 있고, 전자제품도 건드리면 자주 망가져요.", "가게에서 계산하지 않고 물건을 가지고 나올 때가 있어요.", "이웃과 싸우거나 나쁜 사람들이 접근하면 어떻게 하죠? 여자잖아요." 발달장애인의 가족이라면 누구나 이런 걱정들을 해보았을 것이다. 담당자인 나도 당사자 안전, 건강을 염려하는 마음이 있었지만, 이번 한 달 만큼은 '새로운 드라마' 속 그림들처럼 하고 싶던 일들을 시도하고 때로는 실패하기도 하며 성장할 권리를 누렸으면 했다.

---

[1] PCD(Person Centered Description). 나의 좋은 점, 나에게 중요한 것(Important to), 나를 위해 중요한 것(for), 나를 잘 지원하는 방법들을 정리한 서류이다.

　게스트하우스에 입주하기 전에 당사자와 가족, 활동지원사, 주거조력자, 사회복지사들이 한자리에 모여 회의를 했다. 보나 님이 가진 강점들을 나누었고, 걱정되는 점들을 솔직하게 이야기하며 더 좋은 지원 방법을 논의했다. 전자레인지, 가스레인지를 사용하지 못하게 하는 것보다는 화재 위험이 적은 인덕션을 사용하고 불이 났을 때 대처하는 방법을 연습하기로 했다. 미리 주변 경찰서에 가서 인사를 나누었고 '나 설명서'를 전달하며 필요할 때 적절한 도움을 받을 수 있도록 지원했다.

　자립을 경험하는 한 달 동안 당사자를 위해 중요한 것(Important for)과 당사자가 중요하게 생각하는 것(Important to)의 균형을 맞추며 끊임없이 좋은 지원 방법을 찾아 나갔다. 물론 크고 작은 위험들이 있었지만, 처음으로 핸드폰을 만들어 가족들 도움 없이 주변 사람들과 소통했고, 도어락을 열고 혼자 외출했고, 전자레인지로 물을 데워 커피를 마셨고, 세탁기로 옷과 운동화를 깨끗하게 빨아 널었다. 보나 님은 자신의 가능성을 믿어주는 사람들과 함께 있을 때 진심으로 편안하고 행복해 보였다. 같은 팀 동료들은 평가서를 읽지 않아도 활동사진 속 표정만으로 이 사람이 얼마나 삶에 만족하고 있는지 느껴진다고 말해 주었다.

8월, 보나 님이 자립했다. 언니 집에서 나와 이사하던 날, 지금까지는 엄마가 물려준 물건이라며 절대 다른 사람에게 주지 않으려 했던 열쇠를 꺼내며 말했다. "이제 이 열쇠는 다른 사람에게 줘야겠네요. 요즘에는 엄마 생각 안 하고 잘 지내고 있어요." 보나 님이 자립하는 과정을 지원하며 우리는 모두 실패하며 배우고 성장한다는 것을 느낄 수 있었다. 당사자 안전과 건강을 핑계로 현실과 적당히 타협하고 싶어질 때, 자신에게 무엇이든 시도할 수 있는 힘과 가능성이 있다고 온몸으로 말해 주는 당신이 있어 매 순간 용기 낼 수 있었다.

발달장애인이 병원에 가려면

 그날 아침에도 상우 씨는 복지관 사무실을 찾아왔다. 한쪽 눈이 새빨갛게 충혈되어 온 날에도, 늘어진 런닝에 팬티만 입고 달려온 날에도 안부를 물으면 "괜찮아요."라고만 대답하던 상우 씨가 그날에는 "도와주세요."라고 말했다. 엄마에게 맞은 곳이 아프다는 말에, 땀에 푹 젖은 머리카락을 헤집어보니 새끼손가락 길이만큼 찢어진 상처에서 피가 흐르고 있었다. 상우 씨를 데리고 근처 병원으로 갔더니 간호사는 상처를 소독하면서 피부를 꿰매야 하니 응급실이 있는 큰 병원에 가라고 했다. 마음이 복잡했다. 어느 병원에 가야 상처를 치료받을 수 있을까?

며칠 전에 이미 자꾸 토하고 설사하는 상우 씨와 함께 응급실이 있는 병원에 다녀왔다. 젊은 의사는 MRI 촬영을 해야만 정확한 원인을 알 수 있다고 했다. 상우 씨는 '검사'라는 말에 겁을 먹었는지 "검사 안 해요."라는 말을 반복했다. 의사는 본인이 거부하는데 어쩌겠냐며 나가서 설득해오라고 했다. 곧장 엘리베이터를 타고 병원을 빠져나가려는 상우 씨를 말리려고 하자 내 팔을 잡고 반동을 주며 세게 잡아당기기 시작했다. 나보다 키도, 덩치도 훨씬 큰 상우 씨와 힘으로 실랑이를 벌이면 다칠 것이 뻔하기에 차분하게 대화해보려고 애를 쓰고 있었다. 그때 안내데스크에 있던 검은 정장을 차려입은 남자가 인상을 찌푸리며 우리에게 걸어왔다. "여기서 이러지 말고 나가서 해결하고 오세요." 뭐지? 나는 놀란 마음에 토끼눈이 되어 상우 씨보다 훨씬 덩치가 큰 남자를 바라봤다. 그러면서 상우 씨와 몇 마디 더 실랑이를 벌이자 "다른 분들 시끄러우니까 나가시라고요." 하며 언성을 높였다. 이 사람은 애쓰는 내 모습은 보이지 않는 것일까? 위협적인 태도에 슬슬 열이 받아서 토끼눈이 도끼눈으로 바뀌려고 했지만, 어쩌겠는가. 결국 우리는 병원에서 쫓겨났다. 치료받지 못한 것도 속상하지만, 그보다 자신과는 상관없는 일이라며 우리를 방관하는 의사와 어떤 도움이 필요한지 묻지도 않고 우리를 위협적으로 쫓아낸 직원의 태도에 기분이 완전 상하고 말았다. 장애를 지닌 분들은 비교적 어린 나이에 건강 문제를 겪는 경우가 많은데 제때 치료를 받지 못하는 이유를 알 것 같았다. 사회복지사인 나는 한 번 겪고 말 일이라지만, 병원에 갈 때마다 매번 차가운 눈초리를 감당해야 할 가족들은 쉽사리 병원 문턱을 넘을 용기가 나지 않을 것이다.

 MRI 촬영도 하지 못한 그 병원에서 상우 씨의 상처를 꿰매 줄 것이란 생각은 전혀 들지 않았다. 응급실이 있는 또 다른 병원을 목적지로 설정하고 운전하면서도 치료를 받을 수 있을 것이라는 기대감은 생기지 않았다. 사실은 절반쯤은 포기한 마음이었지만 다른 선택지가 없었다. 새로 간 병원 진료실에는 머리카락이 희끗한 할아버지 의사 선생님이 앉아계셨다. 상우 씨는 진료실에 들어서자마자 뒷걸음질을 쳤다. 그런데 의사 선생님이 몇 가지 진료 도구를 주머니에 넣더니 자연스럽게 상우 씨를 따라 나왔다. "아픈 건 아무것도 하지 않을 거예요." 아무것도 들지 않은 양손을 쫙 펼쳐서 보여주고 부드러운 목소리로 안심시키며 상처 부위를 살펴보셨다. "음, 이건 꿰매야 할 것 같은데…" 작게 중얼거리는 소리를 들은 상우 씨가 진료하는 손길을 거부하려고 하자 그럼 다른 방법을 찾아보자고 하셨다. "이렇게 해볼까?" 선생님은 상처 양옆에 난 머리카락을 서로 땋듯이 묶어나가면서 상처를 봉합해보려고 했다. 나는 상상도 하지 못한 방법을 시도하는 모습에 의사답다는 생각이 들면서 뭔가 해볼 수 있을 것 같은 기대감이 생기기 시작했다. 그렇게 방법을 찾는 동안 상우 씨가 차분해지자 선생님은 의료용 스테이플러를 들고 그렇게 아프지 않을 것이라는 말과 함께 순식간에 무려 8방을 꿰매버렸다. 상우 씨는 아, 아, 아, 소리를 내며 움찔거렸지만 인생에서 가장 큰 치료를 잘 참아냈다. 치료를 마치고 집으로 돌아가는 길에 상우 씨는 콧노래를 흥얼거리고 몸을 덩실덩실 거리면서 걸었다. 어려운 치료를 잘 받은 자신이 자랑스럽고 뿌듯한 모양이었다. 의사 선생님은 몇 번이고 감사 인사를 하는 나에게 당연히 해야 할 일을 한 것뿐이라는 표정을 지어 보였다. 병원 근처에 장애인 분들이 사는 곳이 있어서 발달장애를 지닌 환자들도 자주 진료했었다는 말을 덧붙이면서.

　몇 년 전 코로나가 급속도로 확산되자 마스크를 쓰지 않거나 백신을 접종하지 않으면 어디에도 갈 수 없던 시기가 있었다. 복잡한 상황을 이해하기 어렵고 마스크를 써야 하는 답답함과 주사를 맞는 고통에 익숙하지 않은 발달장애인 분들은 집에서 한발자국 나가는 것조차 정말 어려운 일이었다. 그 시기에 복지관에서는 부모님들의 요청으로 발달장애인 분들이 백신 접종을 할 수 있도록 동행하는 일을 했는데, 어느 날 사회복지사들과 함께 어렵게 접종을 마친 한 발달장애인 분의 어머니가 이런 말씀을 하셨다. "제가 힘든 건 주변에 이렇게 사람들이 많은데도 혼자라고 느껴질 때예요. 그럴 때 더 지독하게 외로워져요. 오늘도 제가 혼자서 그 자리에 있었다면 초라하게 느껴졌을 거예요." 정숙한 병원이 소란스러워지고, 진료를 거부하는 환자를 설득하는 것이 젊은 의사에게 쉬운 일은 아니었을 것이다. 평생 만나 본 적 없는 발달장애인을 갑자기 진료실에서 환자로 만나는 것이 아니라, 살아오면서 조금씩 관계 맺어볼 경험이 있었다면 조금은 다른 상황이 펼쳐지지 않았을까 생각해 본다.

천사 같다는 칭찬 대신

12월 마지막 날, 나는 자정이 되기 직전에서야 집에 돌아올 수 있었다. 아주 늦은 퇴근이었다. 혹독한 추위를 견디지 못해 수도까지 얼어버린 낡은 집에서 네 식구를 구했으니 보람 있는 날이라고 해야 할까, 휴가 날에 수당도 받지 못하고 발을 동동 구르다 새해를 맞이할 뻔했으니 극한 직업이라고 해야 할까.

미소 님과 가족들은 수재민들이 이주하며 산자락에 형성된 달동네 가장 높은 집에 산다. 그 언덕을 올라 처음으로 가정 방문 한 날, 미소 님은 온갖 물건과 쓰레기로 가득 찬 방에 파묻

히듯 앉아 있었다. 현관부터 퍼지는 악취에 잠시 멈칫했지만, 가족들이 어떻게 살고 있는지 직접 보아야 할 것 같았다. 나이 든 어머니, 지적장애가 있는 아버지와 두 자녀들은 물려받은 주택에 산다는 이유로 기초생활수급자가 되지 못해 필요한 복지 서비스를 이용하지 못하고 있었다. 오래전에 지어진 집은 가족들을 전혀 보호해주지 못하고 재산 가치도 잃어버린 상태였지만, 평생을 살아 익숙하고 챙겨주는 이웃들이 있는 동네에서 쉽게 떠날 수 없는 듯했다. 그 해 코로나가 길어지면서 장애인 직업재활시설에 다니던 미소 님 동생은 출근하지 못하는 날이 늘었고, 가족들이 의지하던 적은 월급마저 반토막 나고 말았다. 12월 31일은 그렇게 쌓인 문제들이 한꺼번에 터진 날이었다. 어머니는 "김 선생, 물이 안 나오는데 어떻게 하지?" 평소 같은 목소리로 전화했지만, 한참 전부터 보일러가 작동되지 않아서 수도가 동파되고 전기마저 들어오지 않는 긴급한 상황이었다. 다음 날은 1월 1일이어서 도움을 구할 곳도 없었고, 뼈대만 남은 집에서 견딜 수 있는 추위가 아니었다. 결국 복지관 동료들에게 도움을 요청해 빈 주택을 찾고 난방용품과 식료품을 끌어모아 잠시 머무를만한 쉼터를 만들었다.

    사실은 여름에 찾아온 기록적인 폭우와 더위를 겪으면서

이번 겨울을 무사히 넘기기 어려울지도 모르겠다고 생각했다. 누구에게나 공평할 것 같던 날씨마저 약한 울타리를 가장 먼저 뚫고 들어왔다. 가을바람이 불던 순간부터 안전하게 머물만한 집을 구하려고 애썼지만 별다른 방법을 찾지 못했다. 구청에서 운영하는 긴급 주택이 비어있다는 정보를 듣고 상황을 설명해 보기도 했지만 "지금 사는 곳이 반지하인가요? 화재가 났나요? 물에 잠겼나요? 그게 아니면 자격 요건이 안 되는데요." 규정만 읊고 마는 담당자의 목소리에 실망하기도 했다. 내가 아니라 글을 모르고 말이 어눌한 미소 님의 어머니가 직접 전화했다면 어땠을까. 당장 주택을 제공해주지는 못하더라도 이름이라도 물어봐 주었다면, 우리 소관이 아니니 다른 부서에 전화해보라는 말 대신 도움이 될 만한 정보나 자원이 있는지 함께 알아봐 주었다면 조금은 환대받는 기분이 들지 않았을까?

마흔이 넘은 미소 님은 특수학교를 졸업하고 줄곧 집에서만 지냈다. 부모에게 주택이 있어 기초생활 보장제도 안으로 들어가지 못했고, 수급자가 되어야만 무상으로 이용할 수 있는 활동지원서비스[1]도 소득이 없어 이용하지 못했다. 오직 가족들만

---
1) 장애인 활동지원서비스 : 국가에서 장애인의 자립생활과 사회참여를 증진하기 위해 신체활동, 가사활동, 사회활동 등을 지원하는 서비스이다. 기초생활보장제도 기준에 해당하지 않으면 본인 부담금을 지불하고 이용해야한다. 미소님은 기초생활수급자는 아니지만 가정의 소득이 적어서 이용할 수 없었다.

이 미소 님이 씻고 옷 입고 외출하는 것을 도와야만 했는데, 먹고 사는 문제가 해결되지 않으니 집에서 가만히 보호하는 것이 최선이었을 것이다. 어머니는 본인보다 훨씬 커버린 미소 님을 여전히 '아기'라고 불렀다. 더 이상 자신이 돌볼 수 없는 순간이 왔을 때 장애를 지닌 자식들이 어떻게 살아가야 할지 먼 미래를 그려볼 여유는 없었던 것 같다. 사람이 사람답게 살려면 기본적인 권리를 보장하는 정책과 제도가 필요하고, 더불어 살아가는 사람들의 시민의식도 중요하다. 하지만 이 모든 조건이 갖춰질 때까지 기다리고 있을 수만은 없다.

보통은 사회복지사 한 명이 한 가정을 담당하지만 미소 님은 온 가족에 대한 지원이 필요했기 때문에 한 팀이 한 사람이 된 것처럼 움직여야 했다. 쉼터에 머무를 수밖에 없었던 그해 겨울부터 주택을 처분하고, 새로운 집으로 이사하고, 활동지원사와 함께 외출하기까지 3년 넘는 시간이 걸렸다. 어머니가 건강 문제로 병원에 입원한 후에 미소 님은 장애인 지원주택[2]에서 자립하게 되었는데, 시간이 흘러 다시 만났을 때는 간식을 건네는 나에게 "같이 먹자!"라고 말할 만큼 자신을 잘 표현하

---
2) 장애인 지원주택 : 서울시 탈시설 정책의 일환으로 장애인이 시설이 아닌 지역사회에서 자립하여 살아가도록 공공임대주택과 주거유지지원서비스를 제공한다. 기초생활보장제도 기준에 해당하지 않으면 신청할 수 없기 때문에 미소님이 1인 기초생활수급자가 된 후에야 신청할 수 있었다.

고 사람들과 자연스럽게 어울리는 모습이었다. 학교를 졸업하고 방에서만 지내던 미소 님이 잃어버린 20년을 회복하고 다시 사회로 나온 것이다. 그 과정에서 수많은 실패가 있었지만 좋은 동료와 협력자들 덕분에 조금씩 나아갈 수 있었다. 사회복지 현장에 그런 사람들이 남아 있지 않았다면 미소 님은 아무런 준비도 없이 혼자 장애인 거주시설에서 살게 되었을지도 모를 일이다.

사회복지사들은 규정과 지침에 의해서만 움직일 수 없다. 우리가 만나는 인생에는 정답도 매뉴얼도 없기에 다양한 사람들이 살아가는 삶의 형태에 따라 유연하고 빠르게 대처하는 것이 '현장성'이고 좋은 지원을 가능하게 한다. 그런데 이런 특성이 때로는 개인을 끝없이 헌신하게 만들고 더 이상 일할 수 없는 수준까지 소진 시켜 버리기도 한다. 갈 곳을 잃은 가족들과 발을 동동 구르던 12월 마지막 날, 나라도 곁에 있어 줄 수 있어서 다행이라고 생각했지만 동시에 새해만큼은 따뜻한 집에서 가족들과 맞이하고 싶다는 생각을 지울 수가 없었다. 전공 서적에서는 사회복지사의 역할을 교육자, 상담자, 매개자, 중재자, 옹호자, 자원개발자, 정책제언가 등 여러 가지로 소개한다. 실제로 현장에 나오면 저 많은 역할을 다해내야 하고, 나와 같이 장애인복지를 한다면 이전에 경험해보지 못한 여러 장애를 스스로 공부하고 지원 방법을 터득해 나가야 한다. 이런 환경에서 일하다 보니 내가 더 많이 일하고 더 많이 노력하면 누군가의 어려움이 해결될 것이라는 생각에 밤낮으로 일에만 매달리기도 했고, 문제가 해결되지 않으면 능력이 부족한 탓이라는 생각에 쉽게 자괴감에 빠지기도 했다. 사회복지사들의 헌신으로 돌아가는 현장에서 눈부신 변화를 만들어내는 동료들은 늘 나의 자랑이었지만, 어느 순간 소리 없이 사라지고 부품처럼 교체되는 수많은 뒷모습을 지켜보아야 했다.

우리 사회는 가난해도, 장애가 있어도, 나이가 들고 병이 들어도 사람답게 살아갈 수 있는 튼튼한 안전망이 필요하다. 그 안전망에 구멍이 생겨 미처 담기지 못한 인생이 있다면 그를 먼저 발견하고 찾아가는 사람도 필요할 것이다. '천사 같다.'라는 칭찬 대신, '좋은 일 하시네요'라는 덕담 대신, 계속해서 누군가의 곁을 지킬 수 있는 환경이 무엇일지 함께 고민하고 만들어가는 사람들이 많아지기를 희망한다.

작가의 말

'김예림 사회복지사' 첫 명함을 받았을 때. 내 이름에 붙은 사회복지사라는 말이 얼마나 마음을 벅차게 만들었는지 모른다. 하루에도 몇 번씩 나를 사회복지사라고 소개하면서 그 이름에 걸맞은 좋은 어른이 되고 싶었다. 바라는 마음은 크고, 지식과 경험은 부족한 사회초년생이었다. 근무 중에는 내 고민의 깊이가 얕게만 느껴져 스스로 실망했고, 퇴근하면 풀이 죽어 반성문 같은 일기를 끄적거렸다. 그래도 사회복지 현장에서 일하다 보면 언젠가는 좋은 어른이 되어있을 것이라 믿었다. 십 년쯤 일하면 장애에 대해서는 모르는 것이 없는 전문가가 되어있을 것이라고도 생각했다. 그 믿음을 향해 달려가다 보니 어느덧 십 년 경력의 사회복지사가 되었다. 어린 시절 내가 기대하던 모습이 되었는지 묻는다면 아직은 잘 모르겠다.

현장에서 만난 사람들, 특히 발달장애를 지닌 사람들은 내가 안다고 생각했던 장애에 대한 지식과 판단 기준들을 번번이 무너뜨렸다. 이들을 평범한 친구, 이웃, 직장동료로 만나 보지 못한 사람들은 사회복지사인 내게 발달장애가 무엇인지, 발달장애인을 만나면 어떻게 대하는 것이 좋을지 물어보고는 했다. 그럴 때마다 마침표로 끝나야 할 답변이 다시 물음표가 되어 머릿속을 맴돌았다. 발달장애인이라는 이름으로 누군가를 온전히 설명할 수 있을까? 내가 만난 발달장애를 지닌 많은 사람의 얼굴을 떠올리다 보면 하나의 범주로 묶어서 소개할 수 있는 사람은 단 한 명도 없었다.

어떤 사람들은 그 정도 일했으면 한눈에 사람을 진단하고 판단할 줄 알아야 하는 것이 아니냐고, 그것이 전문성이지 않겠느냐고 말한다. 그 말이 전문가로 보이고 싶은 조바심을 자극하여 더 빨리 내달리게 만들던 때도 있었다. 하지만 이제는 잠시 걸음을 멈추기로 한다. 이번 프로젝트에서 동료들과 함께 글을 쓰며 늘 발걸음을 무겁게 만들던 질문들에 대한 답을 찾고자 노력했다. 한결 가벼워진 몸과 마음으로 다시 시작할 수 있다면 좋겠다. 여전히 장애에 대해 명쾌하게 정의 내리기를 망설이는 나는 끝내 전문가가 되지 못할지도 모르겠다. 다만, 내가 만났던 사람들의 이야기를 통해서 누군가가 발달장애인도 나와 똑같이 평범하고 유일한 존재라는 것을 느낄 수 있다면 그것으로 지난 10년의 가치는 충분하다고 생각한다.

김
예
영

작가소개

장애인 당사자가 원하고 바라는 삶의 실현을 소망하며, 그 방법을 함께 궁리하고 나아가는 과정 가운데 거드는 일을 합니다.

누군가의 최선

입사하고 한 달 정도가 흘렀다. 처음으로 내가 초기상담[1]이 아닌 사례관리[2]를 담당하게 될 동현이와 그의 가족분들을 만나러 가는 날이었다. 동현이는 전반적인 발달 지연으로 특수어린이집에 재원 중이고, 지적장애를 지닌 중학생 둘째 누나, 고등학생 첫째 누나, 아버지, 눈이 보이지 않는 할아버지와 함께 살고 있었다.

---
1) 복지관 이용을 위한 등록 상담.
2) 여러 가지 바람이나, 복합적인 어려움을 겪고 있는 개인 또는 가족이 지역사회 내 복지서비스에 대한 정보를 얻고 활용할 수 있도록 계획을 세워 장기적으로 지원하는 서비스.

방 두 칸, 창고와 베란다, 주방과 화장실이 한 개씩 있는 집. 이차성징 시기의 딸들을 포함한 다섯 식구가 지내기에는 다소 좁다고 생각하며 방바닥에 앉아 있는데, 바퀴벌레가 빠르지도 느리지도 않은 속도로 내 옆을 지나갔다. 놀라지 않은 척 자리에서 일어나 동현이의 시선이 머무는 베란다 창을 열어보았고, 음식물쓰레기 같은 냄새에 코가 시큰해졌다. 까매진 타일 바닥에는 먼지에 뒤덮인 양말이 나뒹굴고, 천장에는 거미줄이 있었다. 뭔가 쾌적하지 못한 기분에 얼른 창을 닫고 주방으로 향했다.

냉장고를 열어보니 형태를 알 수 없는 물체들이 위생 봉투에 쌓여 작은 칸을 꽉 채우고 있었다. 아이들이 대체 무엇을 먹고 지낼까 궁금하던 찰나, 동현이의 첫째 누나가 편의점 도시락을 사 들고 귀가했다. 첫째 누나는 얼굴에 아무런 감정도 드러내지 않고 나의 인사에 목례로 답하며 책상에 도시락을 툭 내려놓았다. 아버님은 첫째가 무엇을 먹는지 보지도 않고 바퀴벌레를 손으로 내려치셨다. 그러고는 동현이의 손에 본인의 휴대전화기를 쥐여주셨다. 혼란한 내 표정을 들키지 않으려 할아버님이 계신 작은방으로 발길을 옮겼다. 노크하고 인사하며 문을 여니, 동현이의 둘째 누나가 상도 펴지 않고 이불 위에 앉아 여기저기 국물을 튀기며 손으로 반찬을 집어 먹고 있었다. 할아버님은 대화가 고프셨는지 한참을 본인에 대해 이야기하시더니, 나중에 또 오라고 하셨다. 할아버님에게서도, 아버님에게서도 아이들에 대한 관심은 찾아보기 어려웠다. 성장기의 아이들이 지내기에 바람직하지 못한 환경이라는 생각이 들었다.

"아버님, 집에 벌레가 많은데 대청소랑 방역을 한 번 하는 건 어떨까요?"

"제가 알아봐서 할게요."

동주민센터에 무료로 청소와 방역을 지원하는 사업이 있어 안내해 드렸지만, 아버님의 의지는 확고했다. 내 생각에는 정부에서 어려운 가정들에 도움을 주고자 마련한 제도나, 집 근처 복지시설에서 제공하는 서비스들을 활용하시면 좋을 것 같았다. 가족 중 한 명이라도 활동지원 서비스[3]를 이용하고 그로 인해 생기는 빈 시간에 아버님이 근로활동을 하시거나, 남는 비용으로 아이들 학업 또는 영양 섭취를 위한 지출을 늘리는 것이 좋겠다고 생각했다. 설득해 보아도 외부인인 나에 대한 벽은 쉽게 허물어지지 않았고, 도움은 받고 싶지 않아 보였다. 그럼에도 안내해 드렸던 간헐적인 식료품 지원과 한 달에 한 번 과일

---
3) 「장애인복지법」상 등록장애인으로, 스스로 일상생활 또는 사회생활을 수행하기 어려운 사람이 판정 받은 시간 및 급여 내에서 신체활동, 가사활동, 이동지원, 목욕지원 등을 받을 수 있는 서비스

바구니를 가져다드리는 것에 대해서는 동의해 주셨다. 자주 얼굴을 보여드리고, 이야기를 나누다 보면 나에게 마음을 열어주실 것 같아, 일주일에 한 번 이상은 후원 물품 전달 등을 이유로 가정에 방문했다.

만날 때마다 새로운 모습을 볼 수 있었다. 한 번은 둘째가 동현이에게 카레라이스를 비벼줬다. 밥은 할아버님이 지으셨고, 카레는 아버님이 사 온 것이었다. 또 한 번은 첫째가 온 가족이 먹을 파스타를 만들고, 그 과정에서 할아버님이 양파를 찾아주시는 모습을 볼 수 있었다. 가족 구성원이 저마다의 방식으로 유대감을 지키고자 노력하고 있었고, 가정 안에는 서로를 아끼는 마음이 보였다. 아버님은 우울감에 잠겨 있는 상태에서도 아이들을 위해 본인이 할 수 있는 것들만큼은 최대한 스스로 해내고자 노력하고 계셨다. 서툴더라도 매일 아침 동현이를 씻기고, 옷 입히고 준비시키는 과정을 수행해 내셨다. 등·하원도 직접 시키셨고, 둘째 하교 후 지역아동센터까지도 항상 데려다주셨다. 홀로 세 명의 자녀를 키우는 일이 쉽지 않았을 터인데, 최선을 다하고 계셨다. 동현이에게 휴대전화기의 영상을 보여주는 것도 이유가 있었다. 동현이가 가스레인지를 켜려고 하고, 현관문을 열고 나가려 하는 위험한 상황을 경험하여 알기에, 이를 방지하기 위함이었다. 가정 내에 아이들의 건강한 성장과 발달을 위한 자극이 충분하지 않아 걱정인 부분이 있지만, 아버님은 외부의 도움을 받는 것에 대한 경계심이 큼에도 아이들을 위한 '발달 재활 서비스'[4]나 '학업 지원 서비스'는 이용하셨다. 서비스 본인부담금도 때에 맞춰 원활하게 납입하고 있었고, 방역업체도 스스로 알아보고 활용하셨기에 내 마음도 점차 안심되었다.

그렇게, 마음이 조금 느슨해지던 어느 날. 아버님은 그동안 그렇게 권하고 독려해도 한사코 거절하시던 활동 지원 서비스를 갑자기 이용하고 싶다며 도움을 청해오셨다. 사정이 생겨 이 삼 년 정도 가정을 떠나 지내야 할 것 같다고 하셨다. 나는 가족을 위한 비상 대책을 세웠다. 첫째는 결연후원금을 용돈으로 사용하도록, 둘째는 복지관 프로그램을 이용하며 무료함을 해소하도록, 그리고 동현이는 양육 지원 서비스를 활용하여 위생관리, 식사, 등·하원에 도움을 받도록, 할아버님은 방문 간호 서비스를 통해 상담과 건강관리를 받으시도록 연결했다.

다행히 아이들이 아버지의 부재를 크게 느끼기 전에 사정

---
4) 성장기 장애 아동의 기능 향상과 행동발달을 지원하고 장애 아동 가족의 경제적 부담을 경감하기 위해 기준 중위소득 180% 이하의 가구에 언어, 청능, 미술, 음악, 행동, 놀이, 심리운동 등 재활 서비스 비용 중 일정 부분을 바우처 형태로 지원하는 보건복지부 사업

이 잘 해결되어 아버님은 예상보다 일찍 집으로 돌아오게 되셨다. 아버님은 그간 이루어진 서비스에 감사함을 표함과 동시에 종결을 원하셨다. 나아지는 것에 대해 거부하는 것은 아니셨지만, 스스로 양육자로서의 역할을 해내고 싶으셨던 것 같다. 아버님이 의지의 끈을 놓지 않으시도록 응원하며 한 걸음 물러날 수밖에 없었다.

처음에는 아버님이 아이들의 보호자로서 역할을 다하기 위해 노력하는 것이 맞나 의심이 되기도 하고, 내가 자라온 환경과 다른 모습에 이해가 안 되는 부분도 많았다. 그러나 계속 방문하며 조금 더 자세히 들여다보니, 우리 집과 모양이 다를 뿐, 이 가정에도 사랑이 있다는 것을 알게 되었다. 입사 후 첫 번째 사례지원 경험을 통해 섣부른 판단을 지양하는 태도를 가지게 되었고, 긍정적인 방향으로 바라볼 수 있도록 시야를 넓히는 계기가 되었다. 이후 다양한 사례를 만나보며, 표현의 방식도 다양하게 존재한다는 것을 경험했다. 어떤 방식이 맞다 틀리다 말하기에 나는 아직도 배울 점이 너무나 많지만, 그저 내가 만나는 모든 가족이 조금 더 생기롭고 따뜻한 생활을 할 수 있기를 바란다. 그 방법을 떠올릴 수 있게 돕고, 가족의 노력을 지지하고자 난 오늘도 찾아간다.

후회, 그리고 그 다음

"선생님, 제가 백혈병이래요."

수화기 너머로 격양된 목소리가 들려왔다. 내 심장의 두근거림도 급속도로 빨라졌다. 정신과 정기검진에서 혈액검사를 했고, 결과상 혈구 수치가 비정상적으로 높게 나왔다고 하셨다. 정밀검사 후 백혈병 진단을 받게 되면 입원과 수술을 해야 할 수도 있는데, 병원비가 없다며 도움을 청해오셨다. 금전적인 도움을 드릴 방법이야 찾아보면 있겠지만, 그보다도 백혈병이라는 병에 대한 무서움이 엄습했다. 백혈병이라면 수하 씨가 죽을 수도 있다는 것인가?

그동안 수하 씨를 알고 지내온 날들이 머릿속을 스쳐 지나갔다. 수하 씨를 위한다고 하면서도 수하 씨의 마음은 귀 기울여 들어보려 하지 않고 어그러진 결과에 대해서만 질책했던 나, 수하 씨가 망설이고 고민하는 시간을 기다리지 못하고 "수하 씨가 결정을 내리지 못하면 도움을 드릴 수 없어요."라고 단호하게 말했던 나, 계속되는 전화에 차갑게 응했던 나. 의미 없는 전화가 아니었을 텐데, 그저 심심해서 한 전화는 아니었을 텐데. 조금 더 관심을 가지고 기다려 드릴 것을, 수하 씨의 마음은 어떨지 조금만 더 이해하려 노력해 볼 것을, 뭐가 그리 급하다고 확신을 재촉했는지. 눈앞이 뿌예지고 숨이 턱, 막혔다. 어지러웠다. 너무 후회됐다. 돌아갈 수만 있다면 이전보다 따뜻하게 수하 씨를 대할 텐데.

하지만 과거로 돌아갈 수는 없는 일이었다. 후회를 뒤로한 채 지금부터라도 최선을 다해 수하 씨를 돕고 싶었다. 수하 씨의 요청으로 아버님께 대신 연락을 취했다. 수하 씨가 큰 병에 걸렸고, 사회복지사가 돕는다고 해도 법적 보호자가 해야만 하는 역할들이 있으니, 꼭 병원에 함께 와주시도록 말씀드렸다.

혈액종양내과에서의 첫 외래진료에 수하 씨, 아버님과 함께 갔다. 수하 씨가 비장애인이었다면 중환자실에 가야만 하는 상태이지만, 담당 교수님은 수하 씨의 불안한 심리를 감안하여 그나마 안정적으로 느낄 수 있는 일반병실로의 입원을 안내해 주셨다. 수하 씨의 병명은 '만성골수성백혈병'으로, 수술은 하지 않고 약물로 치료한다고 했다. 조금만 더 늦게 알아 약물치료를 하지 못했다면 죽을 수도 있었다는 이야기를 듣고 아버님도 많이 놀라신 듯 보였다. 아버님은 골수검사를 하고 기운이 없는 수하 씨의 가방도 들어주시고 물도 떠다 주셨다. 그리고 수하 씨가 입원한 뒤로 거의 매일 밤을 입원실 간이침대에서 보내셨다. 평소 수하 씨에 대한 관심이 적으셨던 아버님이기에 의외였고, 다행이었다. 일주일이 흘렀고, 담당 교수님께서 수하 씨의 경제적 어려움과 가정 상황을 고려해 주셔서 퇴원하고 통원 치료로 이어가기로 했다. 또 교수님께서 산정 특례 혜택도 빨리 받도록 처리해 주셔서 입원비도 지원제도를 활용하지 않고 보호자 선에서 해결할 수 있었다.

 퇴원하고 집으로 돌아간 날 오후, 수하 씨에게 전화가 왔다. "저 아버지랑 연 끊기로 했어요." 횡설수설하며 아버지에 대한 불만, 보험 적용에 대한 걱정, 직장을 잃을 것에 대한 불안감을 표현하는 수하 씨의 말을 와해된 언어[1]라는 증상으로, 당일 정신과 약을 복용하지 않아 감정 기복과 피해적 사고가 잠시 심해진 것으로 여겼다. 수하 씨의 여러 가지 부정적 감정을 듣고 전화를 끊자마자 그의 아버지로부터 전화가 왔다. 상황을 파악하여 들어보니, 아버님은 수하 씨와 본인 모두 지친 상태이니 병원에서 가정까지 택시를 타고 이동하자고 했고, 수하 씨는 돈도 없는데 택시를 탄다며 기분이 상한 감정을 계속 표현했다고 한다. 수하 씨는 병원비와 휴가를 오래 쓰는 상황으로 인해 경제적인 부분에서 예민해져 있었고, 아버님은 수하 씨가 입원하고 있는 기간 동안 수발하느라 신체적으로도 지치고, 그에 대해 알아주지 않는듯한 수하 씨에 대해 섭섭한 감정이 들었던 것 같다. 당일은 두 분 다 안정을 취하시도록 독려하고 전화를 마무리했다.

다음 날, 외래진료를 위해 수하 씨와 아버님을 만났다. 아버님은 나를 만나자마자 보호자고 뭐고, 장애인이고 뭐고, 이제 아무 전화도 받지 않을 거라고 하셨다. 수하 씨가 죽든 말든 상관없다며, 수하 씨에게도 도움이 필요하면 본인이 아닌 동사무소나 사회복지사를 찾아가라고 했다고 한다. 본인은 할 만큼 했다며, 며칠 전 납부해 주셨던 20만 원도 되지 않는 입원비도 아

---

1) 조현병의 증상 중 하나로, 말을 하거나 글을 쓸 때 정리되지 않거나 상황에 맞지 않는 말을 지리멸렬하게 늘어놓는 것

들인 수하 씨에게 갚으라고 했다고 하셨다. 그러고는 진료실에 함께 들어가 보지도 않고 수하 씨와 나만 병원에 남겨둔 채 가 버리셨다. 아버님의 태도에 화가 났다. 어제 수하 씨의 말을 별일 아닌 듯 치부했던 내 자신에게도 화가 났다. 그동안 수하 씨가 얼마나 외롭고 불안했을까. 사실을 말해도 귀 기울이지 않는 사회복지사 때문에 답답하고 억울했겠다는 생각과 함께 미안함이 몰려왔다.

나는 그동안 수하 씨 말고도 정신장애 또는 정신질환을 지닌 분들과 대화 나눌 때 감정은 최대한 배제하고 실제로 일어난 일과 관련해서만 이야기하던 경향이 있다. 자칫 나에 대한 의심이나 피해망상적 사고, 집착 등으로 이어질까봐 과하게 조심했던 것 같다. 이번에 수하 씨가 큰 병을 앓게 된 건 매우 안타까운 일이지만, 나에게는 지난 응대들을 되돌아보고 조금 더 진심으로 당사자들을 대하는 계기가 되었다. 스스로 마음속 괴로움을 겪고 있을 당사자에게 나까지 괜한 짐작으로 벽을 두고 매일 반복되는 이야기라고 대수롭지 않게 넘겨버리면, 당사자는 더 이상 관계에서의 의욕을 가지기 어려워지지 않을까? 또 후회하지 않도록, 경청하고 공감하며 당사자의 입장을 헤아리기 위해 노력하고 있다.

롤모델

"다름이 존중되고 다양한 모습의 사회 구성원들이 인간다운 삶을 살아갈 수 있는 사회를 이루는 데에 기여하는 사회복지사를 꿈꿉니다."

"밝고 긍정적인 성격으로 사교성이 좋은 편입니다. 복지관에도 빠르게 적응하여 서비스 이용자들 및 동료 직원들과의 관계 형성에서 저의 강점을 발휘할 수 있을 것이라고 생각합니다. 열정적으로 실천하여 팀을 포함한 복지관 내부 분위기에 활력을 더하도록 노력하겠습니다."

"아직 부족하겠지만 저의 잠재력을 이끌어내기 위해 성실히 배울 준비가 되어있습니다. 강점은 더욱 개발하고 새로운 지식 및 기술은 스펀지처럼 흡수하여 적용하는 모습을 보여드리겠습니다. 준비된 저에게 복지관에서 함께 할 수 있는 기회를 주신다면 지역사회에 선한 영향력을 확산하는 사회복지사가 되도록 노력하겠습니다."

대학생 때 작성한 내 입사지원서 내용의 일부이다. 2021년, 대학교 졸업 직후 입사했다. 비교적 어린 나이에 일을 시작한 덕분에 선임 사회복지사들의 관심을 많이 받을 수 있었다. 우리가 사회복지를 하는 이유, 나의 실천이 한 가정에 어떠한 영향을 끼치는지, 얼마나 중요한 역할인지를 알려주셨다. 또, 입사 후 첫 달은 커피를 내 돈 주고 사 마신 적이 손에 꼽힐 정도로 옆에서 챙겨주셨다. 격려해주시는 만큼 더 열심히 하고 싶었고, 감사함을 표현하고자 도울 수 있는 일이라면 그저 좋았다. 열정과 자신감으로 고객들과의 관계, 해야 하는 업무 모두에 열심히 했다. 그것이 나의 즐거움이었다. 고객들과의 관계에서 오는 보람, 동료 직원들과의 교류를 통한 소속감, 주어진 업무를 해낼 때의 성취감이 나를 더 달리게 했고, 만족감이 스트레스보다 몇십 배는 더 컸다. 그런데 어느 순간 스트레스가 만족감을 넘어섰다.

입사 만3년을 채울 때쯤이었다. 처음 가졌던 사명감은 나의 머릿속에서 아주 작은 부분으로 쪼그라들었고, 열심히 하는 이유가 뭐였더라? 혼란스러움이 찾아왔다. 사람이 사람과 하는 일이다 보니 노력의 양에 따라 변화가 숫자처럼 곧바로 드러나지도 않았고, 호봉이 올라감에 따라 받는 월급에는 차이가 없음을 알았다. 스스로 가지던 보람 외에 또 무엇을 얻을 수 있는지 떠오르지 않았다. 와중에 나의 위치도 애매했다. 팀 내에서의 연차로는 선임의 역할을 해야 할 것 같은데, 나이로는 여전히 복지관에서 두 번째로 가장 어린 이 애매한 위치에 놓인 나는, 뭘 해야 하고 뭘 할 수 있을지 뚜렷하게 생각나지 않았다.

동료들과의 이야기도 더 이상 이전처럼 즐겁지 않았다. 서로의 고민, 업무 이야기를 나눠봤자 '바뀌는 것도 딱히 없을 텐데' 하는 생각이 들며 대화가 필요 없게 느껴졌다. 난 그동안 무엇을 위해서 내가 경험한 좋은 것들을 동료들과 공유하려 했던 건지 이유를 떠올리지 못했다. 그냥 다 부질없게 느껴질 뿐이었다. 그래서 소통을 끊었다. 업무적으로 필요한 이야기 외에는 입도, 귀도 닫아버렸다. 부정적인 생각은 사적인 생활까지 넘어와 친구들과도 연락을 잘 안 하고 지냈다. 당시 나는 모든 일과 관계에 있어서 냉소적이었다. 무엇이 문젠지 잠도 잘 이루지 못하고 사소한 일에도 화가 나고 짜증이 났다.

그래도 나름의 책임감으로 회사에 가서는 최대한 내 몫을 해냈다. 의미를 찾지 못하고 괜히 심술이 나다가도, 내가 닮고 싶은 분인 팀장님께서 사소한 부분까지 정성과 열심을 다 하시는 모습을 보며 마음을 다잡았다. 직급이나 연차와 무관하게 계속 공부하며 발전하는, 고객과 사회를 진심으로 위하며, 실질적인 도움이 되는, 필요한 사람. 불만만 가득해서는 내가 바라는 나의 미래 모습에 도달할 수 없다고 마인드 컨트롤을 하며 과업을 수행해 나갔다.

비슷한 시기에 함께 일하는 동료들에게 비춰지는 나의 모습에 대해 들을 기회가 있었다. 밝은, 주위에 긍정적인 기운을 전하는, 살갑게 가르쳐주는, 일의 우선순위를 아는, 책임감 있는, 발전하려고 노력하는. 열심히 하면 언젠가 누군가는 알아주는구나, 하는 사실을 알게 되는 기회였고, 가까이에서 바라봐주는 동료들 덕에 초심을 떠올릴 수 있었다. 들은 내용을 곱씹으며 괜스레 볼이 발갛게 물들다가도, 아, 나에게 그런 모습이 있었나? 하며 환기하는 시간이 되었다.

마침 '장애인 개인 예산제'[1]라는 새로운 사업을 맡게 되었다. 알아가는 재미에 못난 생각은 점차 잊혀갔다. 팀 내 든든한 선임 선생님께 그동안의 부정적인 생각을 털어놓으며 지지와 조언을 얻을 수 있었고, 팀장님을 보며 동기와 의욕을 되찾을 수 있었다. 그렇게 번아웃인가, 슬럼프인가, 무언가는 자연스레 지나갔다. 4개월 정도의 암흑기 이후 오히려 생각을 정리할 수 있었다. 지금까지는 신입으로서 내 개인만의 일에 대한 가치를 봤다면, 이제는 조직 내에서 선임으로서 역할을 해야 할 때라고 생각하게 되었다. 그리고 그 역할을 잘 해내려면 지식적으로도, 보여지는 태도로도 본보기가 되면 좋다고 생각한다. 당시의 나처럼 마음속의 갈등을 겪는 동료나 후임들에게 에너지와 긍정적인 동력을 주는 사람이 되고 싶다. 내 스스로가 성숙 되어 언젠가는 나도 누군가의 롤모델이 될 수 있기를 꿈꾼다.

---
1) 장애인이 지역사회에서 살아가는데 꼭 필요하지만 기존 제도 내에서는 지원 받기 어려운 개인의 특수한 욕구를 파악하여 개별 맞춤형 서비스를 지원하는 서울형 장애인 개인예산제 시범사업

첫 만남보다는
조금 더 나은 삶을 위해

　　○○동주민센터로부터 한 전화를 받았다. ○○동에 거주하는 한 20세 지적장애인 여성이 40대 후반의 비장애인 남성과 혼인신고를 하고 생활하고 있는데, 최근 임신 9개월 차에 사산을 했다고 하셨다. 의사 소견상 사산의 이유는 영양 부족이었다. 도움이 필요해 보인다며, 장애인복지관에서 가정방문을 하고 살펴주기를 요청하셨다. 복지관 전산시스템에 '박연지'를 검색해 보았다. 재작년에 우리 복지관에서 계절학교[1]와 전환교육[2]에 참여했던 분이었다. 당시 연지 씨를 만나 본 담당자들을 찾아가 연

지 씨에 대해 물었다. 연지 씨는 야무지고 똘똘하게 작업도 잘하고, 프로그램에도 즐겁게 참여하는 해맑은 친구였다고 하셨다. 다만, 가정에서의 관심과 돌봄이 잘 이루어지는 편은 아니라, 가끔 술 마시고 늦잠을 자 지각이나 결석하는 경우가 있었고, 당시에도 30대의 남자친구가 있었다고 하셨다.

정보를 얻은 후, 연지 씨에게 전화를 걸었다. 우리 복지관을 이용한 지 2년이 지났고, 이제 성인이 되었을 텐데 잘 지내고 있는지, 어떻게 지내고 있는지 궁금해서 전화했다고 안부를 물었다. 연지 씨는 혼자 살고 있다고 했다. 동주민센터에서 들은 내용과는 다르지만 계속 이야기를 이어갔다. 혼자 살며 어려운 점, 앞으로 살고 싶은 삶에 대한 이야기를 하다 보니 연지 씨가 가사 활동에 도움을 필요로 하고, 취업에 대한 의지가 있음을 알 수 있었다. 집으로 찾아가 더욱 깊이 대화하고 정보를 주고 싶다고 말했고, 연지 씨도 동의해서 바로 약속을 잡았다.

불러준 주소로 찾아갔고, 마중 나온 한 여자가 연지 씨라는 것을 바로 알 수 있었다. 2년 전 연지 씨를 만났던 직원들에게

---
1) 발달장애 청소년들이 학교 방학 중 2주간 복지관 내외에서 친구들과 다양한 문화·여가 활동을 누릴 수 있는 프로그램
2) 고등학교 3학년 장애 청소년들이 생애주기 전환 과정에서 진로에 대한 개념을 세우고 준비를 하여 안정적인 성인기를 맞이할 수 있도록 지원하는 프로그램

들었던 것처럼 웃는 얼굴, 외모만 봐서는 아직 성인이 아닌 10대 여자아이 같았다. 불과 2주 전까지 만삭의 임산부였다고는 보기 어려울 정도로 팔다리가 마르고 배도 아주 살짝 부어있을 뿐이었다. "사실은 혼자 안 살고 결혼했어요. 얼마 전에 아기가 하늘나라에 갔고 집에 남편이 있어요." 연지 씨는 아무렇지 않다는 듯 밝게 웃으며 상황을 얘기했다. 슬픔을 인지하지 못하는 것인지, 실감하지 못하는 것인지, 아니면 숨기는 것인지 알 수 없었다. 조금은 의아함을 느끼며 남편이 있다는 집으로 향했다.

현관문을 열자 악취가 뿜어져 나왔다. 신발을 벗고 들어가 보니 바닥은 끈적이면서도 모래 같은 것이 밟히고, 싱크대와 가스레인지는 찌든 때로 까맣게 덮여있었다. 다 먹은 편의점 음식 쓰레기, 부부의 옷가지, 머리카락과 먼지가 발 디딜 틈 없이 널브러져 있어 까치발을 들고 방까지 가야 했다. 방에 들어가 보니 침대 위에 남편 분이 눈으로 보기에도 눅눅한 이불을 두르고 웅크려 앉아 계셨다. 영화에서 본 학대 당한 사람들과 비슷한 모습으로, 내가 본인에게 해를 가할까 잔뜩 겁먹은 것 같이 몸을 쪼그리고 바닥만 보고 계셨고, 오랫동안 외출하지 않은 것인지 창백한 얼굴이었다. 질문을 드려봐도 남편 분은 침묵만을 지키실 뿐이었고, 연지 씨는 계속 밝게 웃으며 명랑한 목소리로 "형식이는 원래 소심해서 말을 잘 안 해요!"라고 대신 답해줬다. 부스럭대는 소리에 집에 또 누가 있는지 물으니 "쥐에요!"라며 그저 신난 듯한 대답에 정말 괜찮은 것인가, 또 한 번 의아함을 느꼈다.

냉장고에는 김치통으로 보이는 큰 반찬통 2개 정도 외에 먹을 것이 전혀 없고, 냉동실은 텅 비어있었다. 냉장고 안이 집에서 유일하게 깨끗한 공간이었다. 싱크대에 라면을 끓여 먹은 듯한 흔적이 보여 물으니, 연지씨는 주로 집에서는 식사를 잘 하지 않으며, 집 근처 식당에 가서 찌개 같은 것을 사 먹는 편이라고 했다. 라면은 남편 분이 끓여 드신 듯했다. 부부는 월 100만 원 정도의 정부지원금으로 생활하고 있고, 연지 씨는 건강상의 어려움도 전혀 없다고 했지만, 내 눈에는 연지 씨가 너무 앙상하고 충분한 영양섭취를 하지 못하고 있는 것으로 보였다. 걱정스러웠다.

연지 씨가 계속 밝을 수 있도록 건강과 안전을 지키며 생활할 수 있는 공간과 활동을 마련해 주고 싶었다. 지금보다 잘 지냈던 시기가 있다면 그때와 같이 회복하도록 돕고 싶었고, 항상 지금처럼 지냈다면 쾌적하고 편안하게 지낼 수도 있다는 경험을 주고 싶었다. 그러나 나의 바람이 있다고 하더라도, 연지 씨와 남편 분의 의지가 없다면 실현할 수 없는 것이 사실이었다. 잔뜩 웅크린 남편 분과, 조금은 겁이 나고 한 편으로는 마음대로 살고 싶은 연지 씨를 쾌적한 가정, 안전한 사회에서 생활하도록 이끌어내기란 쉽지 않을 것 같았다.

그럼에도 걱정 가득했던 첫 만남 가운데 아주 작은 희망을 보며 천천히 다가갔다. 연지 씨는 침침한 방안에서의 시간을 무료하게 느꼈고, 친구들처럼 스스로 돈을 벌고 싶어 했다. 과정 중 많은 어려움이 있었지만 첫 만남 이후 딱 1년이 지난 지금, 연지 씨는 매일 복지관 1층 카페에 출근하고 있다. 걱정했던 바와 다르게 오픈 타임을 맡은 날에도 지각하지 않고 출근하여 책임감 있게 업무에 임한다. 집에서만 심심하게 있을 때보다 일을 하니 답답하지 않아 훨씬 좋다고 한다. 남편 분과도 계속 만나며 관계를 형성한 후 집 대청소에 대한 동의를 얻어 진행했고, 다시 이전 상태로 돌아가지 않도록 일주일에 두 번씩 가사서비스를, 일 년에 두 번씩 이불 빨래를 지원하고 있다. 침대에서 꿈쩍도 하지 않을 것 같던 남편분이 가끔은 연지씨를 데리러 복지관에 오신다. 내게도 웃으며 인사하고 대화도 잘하신다.

얼마 전, 복지관 바자회 날이었다. 연지 씨에게 남편과 함께 놀러 오라고는 했지만, 사실 연지 씨도, 나도 남편 분이 복잡한 행사 날에 오실 거라고는 기대하지 않았다. 그러나 남편 분도 오셨다. 부부는 새 옷도, 필요한 물건도 쇼핑하며 여느 커플과 다름없이 즐거운 데이트를 했다. 연지 씨 표정이 참 밝았다.

엄마의 용기

　지난여름, 유선화 님을 처음 만났다. 드림스타트[1]에서 자녀들을 위한 지원을 받고 계셨던 선화 님과 배우자 분은 떳떳한 부모가 되고 싶다며, 복지관을 찾아오셨다. 약 1년 전, 조현병으로 정신장애 진단을 받은 선화 님은 당시 아들의 얼굴을 알아보지 못했다고 하셨다. 최근 약 복용이 규칙적으로 이루어져서인지 몰라도 나에게는 증상을 보이지 않으셨다. 하지만

---
1) 취약계층 아동에게 맞춤형 통합서비스를 제공하여 아동의 건강한 성장과 발달을 도모하고 공평한 출발기회를 보장함으로써 건강하고 행복한 사회구성원으로 성장할 수 있도록 지원하는 사업

배우자 분에 의하면 선화 님의 눈빛이 가끔 돌변할 때가 있어 그럴 때마다 무섭다고 하셨다. 긴장되는 마음으로 가족의 이야기를 듣기 시작했다.

생활비가 부족해서 시작된 부부의 채무. 현재는 3천만 원까지 불어났고, 신용불량자가 된 배우자는 교통사고, 화상, 중풍으로 팔 사용과 언어 소통에 일부 어려움이 있어 할 수 있는 일을 찾기 힘들었다. 4인 가구가 살기에는 턱없이 부족한 정부 지원금에 부부가 동네를 돌며 폐품을 모으지만 하루에 만원도 벌기 어렵고, 부채 상환에 가족의 한 달 생계비 절반 이상이 사용되고 있었다. 초등학생 두 남매는 값이 싸며 오래 두고 먹을 수 있는 통조림, 가공식품 위주로 식사하고 있었고, 소아 우울증으로 심리 안정을 돕는 치료가 필요한 아들과 원인 모를 유뇨증을 앓고 있는 딸은 모두 ADHD약을 복용하고 있었다.

부부는 일을 하고 싶어 하셨다. 폐품을 모으며 겪는 주변 사람들의 부정적인 시선을 아이들도 느끼게 하고 싶지 않다고 하셨다. 집을 깔끔하게 관리하고 있으며, 과거 미싱 보조, 노상 판매업 종사 경험이 있는 부부가 현재 할 수 있는 일을 찾아보았다. 마침 특수어린이집에서 환경미화와 아동의 산책을 돕는 일자리가 있어, 장애인 복지 일자리 사업[2] 참여를 통해 시작하시도록 연결해드렸다. 그러나 재취업 첫 시도는 2개월 만에 끝을 보았다. 개인적인 성향상 아이들을 대하기에는 어려움이 있는 듯 보이는 선화 님께 초기에 업무 조정을 권했지만, 다른 동료가 힘들어지는 것을 바라지 않으셨던 선화 님은 참으며 일하시다 결국 그만두게 되셨다.

선화 님이 잠시 마음을 다잡으시는 동안, 배우자 분과 금융복지상담센터에 함께 갔다. 개인 파산이 불가피하지만 명확한 답변을 얻은 배우자 분은 스스로 법원, 채권사 등을 다니며 필요 서류를 준비하셨다. 나는 일정에 맞추어 서류 준비가 잘 되고 있는지 확인하며, 팩스나 컴퓨터 사용이 필요할 때 복지관을 이용하시도록, 채무 발생 경위서를 작성하며 도움을 요청하셨을 때 내용의 완성을 거드는 작은 역할을 했다. 지원 과정이 이어지는 동안 나의 조급한 마음을 숨기며, 삶의 주인인 선화 님 부부의 속도에 맞춰 천천히 걷자고 계속 되뇌었다. 그러다 보니 꼭 일이 아니더라도 집 밖으로 나와 선화 님 가족이 무언가를 함께하는 경험만으로 행복감을 느낄 수 있을 것이라는 생각이 들었다.

복지관 가족 캠핑 대상자 모집 기간이었다. 개인당 오천 원

---
2) 장애인의 사회참여 확대 및 소득보장 지원을 목적으로 만18세 이상 등록장애인에게 일자리를 제공하는 사업

정도의 이용료도 부담이 되어 부부는 선뜻 참여 결정을 내리지 못하셨다. 기대에 부푼 아이들의 모습이 아른거려, 난 추천서를 정성껏 작성했다. 그 결과, 참여 가족으로 선정되었고, 캠핑 가는 날 아이들이 학교와 지역아동센터에 제출할 수 있도록 증빙자료 준비와 장보기에도 함께하려는 계획을 세우면서 가족의 새로운 경험과 행복한 추억을 기대했다. 그런데 떠나기 하루 전, 선화 님은 갑작스레 건강에 이상이 있다며 못 가겠다고 하셨다. 실망스러움과 허탈한 마음이 동시에 들었다.

그 뒤, 한동안 별다른 진전 없이 지냈다. 그래도 그 시간이 허투루 흘러간 건 아니었는지, 선화 님과 배우자 분의 신뢰가 쌓이고 있음이 느껴졌다. 반년 정도 지나 가족캠핑 재모집을 안내 드렸을 때, 선화 님이 이전에 캠핑 참여를 거부하신 진짜 이유를 들을 수 있었다. 불안과 우울이 언제 찾아올지 예측할 수 없고, 그래서 1박 이상 어딘가에 가족이 아닌 다른 사람들과 다녀오는 것은 힘들다고, 본인의 증상으로 타인에게 피해를 끼치고 싶지 않다고 하시는 말씀에 그제야 선화 님을 조금 더 이해할 수 있었다.

신뢰가 쌓인 이후 네 식구는 요리, 볼링 등 여러 가지 프로그램에 참여하셨다. 선화 님은 아이들이 좋아한다며 함께 즐거워하셨다. 일자리 사업 재참여도 조심스럽게 권유했지만, 선화님은 아직 쉼이 더 필요하다며 거부하셨다. 개인 성향과 맞지 않는 업무 배치로 힘들었던 경험이 유선화 님의 마음 문을 더 닫히게 한 것 같아 안타까웠다. 상담할 때마다 비슷한 나이의 동료들과 복지관 안에서 수행하는 환경미화 직무에 다시 도전해 보시도록 틈틈이 이야기를 전했다. 오랜 독려 끝에 다시 참여하기로 하셨지만 선화 님도, 나도 이번에는 잘 적응할 수 있을까? 계속 할 수 있을까? 약 복용으로 컨디션이 쳐지는 경향이 있는데 오전 근무가 어렵지는 않을까? 여러 가지 두려움과 걱정이 앞섰다.

그러나 염려했던 것이 무색하게 선화 님은 근무에도 성실히 임하시고, 규칙적인 생활을 하시다 보니 활기찬 모습마저 느껴졌다. 함께 근무하는 동료들과도 잘 어울리셨다. 새롭게 일을 시작하며 어려움은 없으신지 여쭈니, 신체적 불편함이 있는 장애인 분들이 열심히 살아가는 것을 보고 많은 생각이 드셨다면서 본인도 더욱 열심히 해야겠다고 하셨다. 이번에는 지난번과 다르게 얼굴에 미소가 있으셨다.

아이들의 건강한 성장을 위해서도 학교와 복지관, 지역아동센터, 드림스타트가 머리를 맞대었다. 아이들은 약 먹기를 싫어했고, 선화 님은 의사 소견에 대한 확신보다는 아이들의 의견을 더 받아들이고자 하셨다. 그러나 약을 잘 먹지 않으니 성적이 눈에 띄게 떨어졌고, 학습 집중도를 위해서는 규칙적인 약

복용이 필요했다. 등교할 때 가방에 약을 넣어가면 학교사회복지사가 매일 아침 복용을 돕는 방법은 어떨까? 복지관과 드림스타트는 이 과정을 부부에게 설명하고, 지역아동센터는 아이의 정서 변화를 관찰하고 공유하기로 했다.

아들의 심리 안정을 위해 필요하다고 판단되는 놀이치료는 드림스타트와 복지관에서 후원자원을 활용하기로 했고, 추가로 복지관 멘토링 사업을 연결해드렸다. 두 자녀가 대학생 멘토와 일주일에 한 번씩 만나 함께 자전거도 타고, 축구도 하며 이야기를 나누는 시간을 가지고, 학습지원도 조금씩 이루어졌다. 선화 님은 아이들이 일주일에 한 번 돌아오는 멘토링 시간을 기다린다고 하셨다.

선화 님은 요즘도 매일 여덟시 반경 출근해 동료들과 커피 한잔으로 하루를 시작하신다. 나와 출근길에 만나면 환한 미소로 인사해주신다. 이전에 집안에서 뵐 때보다 훨씬 활력 있어 보이신다. 주말에는 본인이 받은 도움을 사회에도 환원하고 싶다며 자원봉사를 하시고, 그 과정에서 감사와 기쁨을 느낀다고 하신다. 배우자 분은 기초생활보장 생계급여가 줄어드는 것에 대한 막연한 불안감으로 부부 모두 일을 하는 것에 대해 망설임이 있으셨지만, 변화된 선화 님의 모습이 동기가 되었는지 자활근로[3] 참여를 시작하셨다. 이제는 부부가 모두 자신들의 힘으로 생활비를 마련하고 있다.

 부모의 역할도 소홀히 하지 않으신다. 전자기기를 선화 님보다 잘 다루는 배우자 분은 아이들의 가정통신문을 스마트폰으로 확인하고 챙겨주시고, 부모님이 참여해야 하는 멘토링 간담회에는 부부가 함께 오신다. 전에는 내가 계속 설득해야만 프로그램에 참여하셨지만, 이제는 게시판에 아이들이 좋아할 것 같은 프로그램 공지가 올라오면 직접 사무실에 찾아와 신청하신다. 선화 님도, 가족들도 나와 처음 만났을 당시의 어두움은 걷히고 삶의 소소한 기쁨에 만족하고 있다.

 선화 님이 그러셨다. 직장 다닌다는 게 큰 산처럼 느껴졌는데, 이제는 그렇게 생각되지 않는다고. 일을 시작하면서 집안 분위기도 활기차게 변하고, 수입이 늘어나니 아이들에게 해주지 못했던 것도 해줄 수 있어 좋다고. 그렇다. 선화 님의 용기를 시작으로 가족이 변했다. 아이들은 자신감을 되찾았다. 배우자 분은 자활근로에 참여하다가 나중에는 완전히 스스로의 힘으로 돈을 벌고 싶다고 하신다. 난 복지관에서 유선화 님의 웃는 얼굴을 볼 때 가슴에 무언가가 벅차오름을 느낀다. 난 그냥, 엄마의 용기를 계속 응원하고 싶다.

---
3) 근로능력이 있는 저소득층이 스스로 자립할 수 있도록 기술습득 지원 및 근로 기회 제공하는 사업

작가의 말

우리 엄마는 휠체어를 타고 다녀요. 그러다 보니 상경한 딸 자취방에 한번 와 보는 것도 쉽지 않았어요. 휠체어를 탄 채로 고속버스에 탑승할 수도 없고, ktx 열차가 이동하는 세 시간 안에 화장실이 가고 싶어진다면 그 좁은 칸을 어떻게 이용할지 엄두를 내기 힘들더라구요. 다행히 엄마는 아빠의 자가용 차로 이동하며 휴게소 장애인 화장실을 이용할 수 있었어요. 엘리베이터가 없고 계단 폭이 좁아 부축을 받으며 나란히 걸어 올라가기도 어려운 상황인 우리 집이었지만, 아빠가 엄마를 번쩍 들어 3층 방까지 올라오실 수 있었어요.

맛집을 가려고 해도 신발 벗는 식당은 가기 어려워요. 간다고 하더라도 원치 않는 관심을 받게 되는 경우가 많아요. 아마도 다른 모습이 낯설어 시선이 향한 것이겠지만, 주목받는 것은 사람을 참 작아지도록 만들더라구요. 장애를 지닌 우리 엄마도, 엄마를 사랑하는 우리 가족도 불편함을 느끼는데, 이러한 주변의 불편함을 줄이는 데에 내가 무언가 도움이 될 수 있을까? 그렇게 장애인복지 현장에 몸을 담게 되었어요.

복지관에서 사례지원을 하며 다양한 방식으로 살아가는 가족들, 복잡한 어려움을 가진 이웃들을 만나 볼 수 있었어요. 함께 잘 되고자 곁에서 지지한 이야기를 기록해보았어요. 저는 오늘도 고민해요. 어떻게 하면 장애인 당사자를 잘 지원할 수 있을지.

김혜빈

작가소개

스스로 자신의 권리를 지키고자 하며 자아실현 하는 사람들이 있습니다. 그 과정을 함께하며 더 궁금해하고, 반성하고 배워가고 있습니다.

장애를 '극복한' 사랑이란

　최근 모 연예인이 장애를 지닌 연인과 결혼한다는 기사가 온라인상에 연일 화제였다. 어떤 부분이 이목을 끄는 것인지 궁금해 곧장 클릭해 기사 전문을 읽었다. 헤드라인에는 '장애를 극복한 사랑'이라는 표현이 명시되어 있었다. 어떤 어려움이 있었는지 이야기가 궁금해져 기사 전문을 읽었지만, 어려웠던 상황을 극복한 내용은 기사에 없었다. '장애를 가졌지만 극복해 비장애인 연예인과 결혼했다'라는 내용이 적혀있을 뿐이었다. 댓글 창에는 '극복해 기적을 만들었다.', '어려움을 이겨냈다.'라는 말들이 줄을 이었다. 장애인과 비장애인의 사랑, 이것은 '극복'의 상징일까? 국어사전에 곧장 '극복'의 의미를 검색해 보았다. 극복이란 '악조건이나 고생 따위를 이겨냄.'이라고 명시되어 있었다. 결국 이 기사가 화제였던 것은 '장애인은 비장애인과 결혼할 수 없다.'라는 우리 사회 속 많은 사람의 속마음은 아니었을까, 생각하게 되었다.

기관 내 팀 '인권스터디'를 통해 유튜브 영상을 함께 시청했던 기억이 떠올랐다. 호주에 거주하는 작가이며 코미디언, 인권 활동가인 '스텔라 영'의 영상이었다. 그녀가 열다섯 살이었을 때, 지역에 거주하는 누군가가 찾아와 지역 공로상에 추천하고 싶은데 부모님 의견은 어떤지 물었고, 그녀의 부모는 이렇게 대답했다고 한다.

"공로상이라니, 너무 좋은 일이네요. 그런데 한 가지 걸리는 점은 우리 딸은 어디에서도 공로를 세운 적이 없어요."

이어 그녀는 이렇게 말했다.

"나는 당신들에게 영감을 주기 위한 존재가 아닙니다."

이때 나는 머리가 울리는 느낌이 들었다. 우리 사회에서는 장애인을 보고 감동과 영감을 받는다. 장애를 지닌 사람이 결혼하고, 강연하고, 봉사 활동을 하는 것을 보고 '장애를 가졌는데도 불구하고 멋있고 많은 사람에게 귀감 되는 일을 한 사람'이라 이야기하며 자신이 좀 더 열심히 살기 위한 동기 부여를 얻는 것이다. 결국 이것은 장애를 지닌 사람은 비장애인과 동등한 일상을 누리기에 어려움이 있고, 사회 참여 등 많은 것에 제약이 있는 사람이라고 바라보는 시선에서 생겨난 것임을 알 수 있다. 장애는 극복하고 재활로 이겨내야 하는 것이 아닌 개인의 특성이다. 하지만 우리 사회는 이 개인의 스토리를 궁금해하는 것이 아닌 그저 장애를 가졌다는 것에 집중할 뿐이다.

　이러한 시각은 장애인과 함께 시간을 보낸 경험이 많지 않은 비장애인들뿐만의 것이 아니다. 곁에서 지원하는 사회복지사, 활동지원사, 함께 일상을 보내는 가족들도 종종 제한된 시각으로 장애인을 바라본다. 이전에 발달장애인 참여자의 꿈을 찾는 회의를 진행하던 때의 일이다. 발달장애인 참여자가 자신이 원하는 삶을 이루기 위하여 필요한 것들을 탐색하는 시간이었다. 담당자와 참여자, 참여자를 잘 알고 있는 활동지원사가 함께 참여했다. 참여자는 몇 년 뒤의 모습으로 여자친구를 사귀어 데이트하고 결혼해 함께 살고 싶다는 꿈을 이야기했다. 그런데 곁에 있던 활동지원사는 그것이 현실적으로 불가능하다며 이야기하기 시작했다. 이에 나는 여자친구를 사귀기 어려운 이유에 대해 질문했다.

"왜 이분께서 여자친구를 사귀는 것이 불가능할까요?"

"그건 당연히 어렵죠. 장애인이 교제하다 어떤 문제가 생길지 모르잖아요."

아, 좋아하는 사람이 생겨 함께 맛있는 음식을 먹고 영화를 보고 데이트를 하는 것. 사랑하는 마음이 생겨 결혼하는 것. 이것은 누군가에게는 그저 보통의 일상일 수 있지만 어떤 사람에게는 특별한 상황, 어려운 상황이 되는 것이구나. 그날 회의를 마치고 한참 동안 머릿속에서 고민이 시작되었다. 나는 어떤 생각을 가지고 참여자를 지원하고 있을까? 이렇게 다수의 만연한 시각을 일개 개인인 내가 바꿀 수 있을까? 왜 보통의 일상을 모두가 함께 누릴 수는 없는 것일까? 이렇게 온갖 생각을 가지고 해결과 정답은 나오지 않은 채로 참여자를 만나기 연속이었다. 그러다 '독립'이라는 꿈을 가지고 다양한 지역사회 경험을 한 승주 님의 활동을 평가하는 모니터링 날이었다. 승주 님은 활동 시작 초기에는 숫자를 세지 못했지만, 교구를 사용해 꾸준한 학습으로 1부터 10까지의 숫자를 셀 수 있게 되었다.

"저희도 처음엔 안 될 줄 알았어요. 물론 교구를 사용하지 않고 다른 곳에 있는 숫자를 읽는 데에 아직 어려움을 느끼긴

하지만 이전에는 이게 1인지, 2인지 아예 알지 못하셨는데 많이 발전하셨어요."

"1, 2, 3, 4, ... 10."

시설에서 장기간 거주했고, 글자를 읽고 숫자를 세는 것에 어려움을 느끼던 승주 님의 숫자 세기 도전을 그의 지원인력들은 모두 불가능할 것이다, 안 된다고 이야기했었다. 하지만 약 6개월간 교구를 사용하여 자택에서 꾸준히 숫자 세는 연습을 했고, 그렇게 해서 모니터링 중 숫자를 세는 모습을 보여주셨다.

아, 그래 이거구나. 나는 비록 한 개인일 뿐이다. 하지만 누군가에게는 특별하고, 불가능하다고 여겨져 경험하기조차 어려운 것들을 지원해 더욱 많은 참여자가 보통의 일상을 누리고 이것이 확산된다면, 우리 사회에 작게나마 변화의 작은 불씨를 만들 수는 있겠다. 그리고 많은 장애인이 누리지 못하는 평범하고 보통의 일상을 만들어가는 데에 작은 역할은 하고 있구나. 참여자가 자신의 의미 있는 일상을 만들어가는 데 나는 좀 더 최선의 지원을 할 수 있도록 고민해야지. 이날은 조금은 개운한 마음을 가지고 내 업무의 동기를 함께 얻어 퇴근하게 되었다.

봄이 오고 벚꽃이 피기 시작했다. 한강에 연인들이 피크닉을 가고 데이트를 가는 모습이 보인다. 지원하는 참여자들도

'여자친구를 만나 피크닉 하기', '여자친구와 맛있는 음식 먹기'를 하고 싶다며 벚꽃만큼 설레는 꿈을 이야기하고 있다. '혼자 아파트에서 살기', '먹고 싶은 음식을 스스로 만들기'를 이야기하는 참여자도 있었다. 나 또한 설레는 마음을 가지고 그들이 특별하지만 평범한, 의미 있는 일상을 만들어갈 수 있도록 지원하고자 한다.

어렸던 나에게 외치다

어린 시절부터 지금까지 엄마의 말은 나에게 곧 법이었다. 엄마가 학원에 가라고 하면 가야 했고, 먹기 싫은 반찬도 먹어야 한다면 억지로 먹어야 했다. 하지만 나는 불평하지 않는 아이였다. 그런 나에게 엄마는 늘 이야기하곤 했다.

"넌 좀 고지식해."

뭐 어쩔 거야, 엄마 말이 법인데. 중학교 지나고 고등학교에 올라가서 소위 말하는 사춘기가 왔다. 교복도 줄여 입고 화장도 하고 대들기도 하면서 '나 머리 좀 커졌다!' 생각은 했지만,

엄마가 이야기하는 '선 넘는 행동'은 하지 않았다. 예를 들어 학원을 빠진다거나 집을 나간다거나, 그런 것들은 내가 상상도 못 하는, '날라리들'이나 하는 일이었다. 가끔 학원도 빠지고 선생님께도 따질 거 따지는 애들을 보며 손가락질하기도 했는데, 속으로는 내심 내가 하지 못하는 것을 하는 그 친구들이 부러웠었는지도 모르겠다. 시간이 지나고 알게 되었다. 내가 져야 하는 책임의 무게가 무서워서 엄마 말을 따르며 그것들을 회피하여 왔다는 사실을. 시간이 많이 지나 어른이 되어서야 스스로 인정하게 된 것이다. 그러나 항상 지나간 일에는 후회해 본 적 없다고 말했다. 후회할 만큼의 어떤 선택도 해보지 못했으면서.

    엄마 말을 잘 들으며 대학교를 졸업했다. 첫 직장 퇴사 후 유럽 여행을 다녀오면서 '나 이제 어른이야!' 내심 뿌듯한 마음으로 떵떵거리며 지금 일하는 곳으로 이직했다.

    내가 맡은 업무는 발달장애를 지닌 참여자가 자신이 원하는 삶을 찾아가고, 스스로 예산을 어떤 활동에 사용할지 고민하며 자신에게 필요한 지역사회 활동을 경험하는 과정을 지원하는 것이었다. 사회복지사가 참여자를 지원하는 방향은 여러 가지가 있는데, 나는 참여자를 지도하고 활동을 관리하기보다 그들이 자신이 원하는 삶에 대해 고민하고 필요한 것을 스스로 알아갈 수 있도록 독려하고, 아이디어를 이끄는 역할을 하게 되었다.

언뜻 보면 '그냥 상담하고, 돈 지원하는 거 아니야?'라고 생각할 수 있겠지만 발달장애인이 스스로 무얼 할지 고민하고 돈을 어디에 쓸지 고민해 계획한다는 것 자체가 우리 사회에서는 너무나 어려운 일이다. 하다못해 휴대폰 개통할 때 계약서만 보더라도 알 수 있다. 약정이 어떻고, 명의가 어떻네 하는 말들은 비장애인도 어렵게 느끼는데 좀 더 쉬운 언어로 소통이 필요한 발달장애인들이 이해할 수 있도록 충분한 정보가 전달되고 있을지 고민해 보면 절대 그렇다 할 수 없다. 그렇기 때문에 발달장애인이 주체적으로 자신이 원하는 것을 선택하기보다, 주변의 가족과 활동지원사처럼 그들을 잘 아는 주변인들이 선택을 대신하는 경우가 많다. 나는 발달장애 참여자가 스스로 자신이 원하는 삶과 필요한 것들을 해나가며 삶의 주인공이 되어갈 수 있도록 조력하는 역할을 하게 된 것이다.

새로운 업무에 80% 정도의 설렘과 20% 정도의 두려움을 가지고 복지관을 이용하던 참여자 중에서 지원할 분을 찾고 있었다. 이때 승주 님을 알게 되었다. 승주 님은 돈거래든, 직장이든 무엇이든지 주체적으로 해나가고 싶은 마음은 있지만 유일한 주변인인 가족들과 긍정적인 대화, 지원이 단절된 상황이었고 사회복지사와 직원처럼 제한된 관계가 아닌 자신의 마음을 언제든지 털어놓을 수 있는 친구도 없다고 말했다.

"예전엔 가족이 다라고 생각했는데 고독사 문제도 있고 걱정이 되어서 나를 지지해주고 같이 의논할 사람이 있으면 불안하지 않겠다고 생각해봤어요."

"그분이 네 이름을 기억해, 라면서 절 기억해줬던 게 기억이 나요. 그분 같은 비장애인 멘토가 옆에 있으면 좋을 것 같아요. 조언도 해주고 수다도 떨고."

승주 님은 자신의 미래를 대비해야 한다는 것을 중요하게 생각하고 있었지만, 정작 옆에서 방법을 알려주고 함께 의논할 사람은 없어 막막함을 느낄 뿐이었다. 생소한 계약서 용어로 휴대폰 사기를 경험한 이후 두려움은 더욱 커지게 되었다. 승주 님과 몇 번의 만남을 가지며 어떤 삶을 살아가고 싶은지 알게 되었다. 승주 님은 자신이 이루고 싶은 꿈 중 하나가 '운전면허 취득'이라고 이야기했다. 사실 발달장애인이 운전면허를 취득하는 건, 정말이지 어려운 일이다. 필기시험부터 어려운 용어로 난관을 겪어야 하기 때문이다. 그럼에도 불구하고 승주 님은 자신의 소원이었던 운전면허 취득을 계획해 직접 학원을 알아보고 문제집을 구입해 공부를 시작했다. 승주 님은 공부를 하고 학원을 다니면서도 불안해 그때 당시 나와 하루에 몇 번씩 전화를 하기도 했다.

"제가 실수할까 무서워서요. 이렇게 써도 되는 거예요?"

승주 님은 자신의 계획이 제대로 되지 않을까 무섭다고 말했다. 불안하다고 끊임없이 이야기하는 승주 님을 보면서, 엄마 말이 법이던 내 모습이 떠올랐고, 그래서 마냥 응원하고 싶었다. 승주 님은 그냥 되든 안 되든 다 해봤으면 좋겠다는 생각이 들었다. 내 마음속에서 여전히 머물러 있는 작은 아이가 외치는 소리 같았다. 승주 님과 매일 통화하며 카드 결제하고 영수증 처리하는 방법, 운전면허 학원 정보, 그날 하루 등등을 매일 수다 떨고 잘할 수 있다고 했다.

승주 님은 운전 면허 시험을 응시하고 떨어졌다. 그리고 계속 공부를 하다가 스스로 운전면허보다 한글 공부를 먼저 해야겠다고 느껴 학습지를 등록했다. 이후 매일 학습지 센터에 가 한글 공부를 하기 시작했다. 한글 공부를 시작한 것은 9월, 활동 마무리 시기는 10월 말이었기에 운전면허 재취득을 도전하기에는 어려움이 있었고 10월 말이 되어 활동을 평가하는 날이 왔다. 스스로 계획했던 것에 미치지 못하면 좌절했던 승주 님이었기에 걱정이 되었다. 그런데 승주 님 대답은 뜻밖이었다.

"실패해도 괜찮아요. 이번에 운전 면허 떨어져도 한글 공부가 나에게 먼저 필요했구나 깨닫게 되어서. 한글 공부 먼저 하고 운전 면허도 같이 할 거예요."

승주 님은 실패해도 괜찮다 하며 씩 웃었다. 실제로 이후에 승주 님은 친해지고 싶은 사람들에게 먼저 말을 걸기도 하고, 취업을 하고 헬스장에 가 운동을 하는 등 일상을 알려주기도 했다.

그때 승주 님을 간절히 응원하던 나는 어떤 마음이었을까. 그것은 아마도 어린 날의 나에게 말하고 있던 것일지 모르겠다. 실패해도 괜찮다고, 다음에 다시 해볼 수 있다고, 후회로 가득 찬 날들보다 앞으로의 날들이 더 많으니 하고 싶은 것을 해보라고.

비효율적인 도전

"자, 모두 저 따라와 주세요. 동우 씨, 거기는 들어가면 안 돼요. 선생님은 현지씨 휠체어 끌어주세요. 이제 나갈게요!"

2022년 9월 말, 제법 일교차가 생겼지만, 아직 낮에는 열기가 있는 어느 초가을에 복지관에서 한 무리가 우르르 나온다. 입구에서는 몇몇 직원들이 손을 흔들며 잘 다녀오라고 인사하고 있다. 이날은 내 첫 직장의 마지막 근무일이었다. 다 같이 근처 공원을 산책하고 아이스크림 판매점에 갔다. 주문하자마자 다들 웃음이 난다.

"안 될 줄 알았는데 이런 날이 오기도 하네요?"

그러게 저도 안 될 줄 알았어요 사실은. 깔깔 웃으면서 근처를 배회했다.

휠체어를 타고 아이스크림을 먹고 있는 현지 씨, 손뼉 박수를 치며 뛰어다니다 일자리 선생님과 손잡고 나란히 걷기 시작한 동우 씨, 아이스크림 먹으면서 연신 '선생님 고맙습니다' 인사하는 현준 씨, '선생님 떡볶이 사주세요.' 이야기하는 민수 씨. 그리고 그 옆에 현지 씨의 휠체어를 끌며 손수건으로 빗방울같이 흐르는 땀을 닦는 이 선생님과 어디로 튈지 모르는 동우 씨의 팔을 붙잡으며 노심초사하는 김 선생님의 모습이 보인다.

여기는 챌린지반, 최중증성인발달장애인[1]이 낮 시간 동안 활동하는 곳이다. 공원 그네를 휘적휘적 타고 있는 동우씨를 바라보며 이분들이 처음 모였을 때가 떠오른다.

"선생님! 화장실 앞 CCTV가 부서졌어요. 안 돼, 거긴

---

1) 최중증 발달장애인의 개념은 명확하게 제시되어 있지는 않지만 제반 법령과 지침에 의거하여 살펴보면 다음과 같다. 장애인복지법 제6조(중증장애인의 보호)에서 중증장애인은 '장애 정도가 심하여 자립하기가 매우 곤란한 장애인'으로 정의하고 있다. 장애등급제 폐지에 따라 장애 정도가 심하지 않은 장애인(기존 4-6급)과 장애의 정도가 심한 장애인(기존 1~3급)으로 구분하며, 지적장애인, 자폐성장애인, 정신장애인은 모두 장애 정도가 심한 장애인으로 분류하고 있다. 또한 보건복지부(2022)의 주간활동서비스 지침에서는 최중증 집중지원서비스 대상자 기준을 제시하고 있다. 그 선정기준은 ① 주간활동서비스 이용자 선정 조사표 상 '도전적 행동 정도' 점수가 1점 이상 (0-7점)인 대상자, ② '도전적 행동 정도' 점수가 0점이더라도 중복장애가 있거나, 혼자서는 신변처리가 곤란한 대상자, ③ 그 외 집중지원서비스가 필요한 대상자이다. 이를 통해 도전행동과 중복장애 등으로 인해 지원강도가 상당한 경우를 최중증 발달장애 개념으로 활용함을 알 수 있다.(김민진·김미옥, 2023.)

안 돼요!"

중년의 남성 목소리가 복지관 복도를 다급하게 울린다. 이어서 비상벨 소리가 울리고 복지관 전 직원이 우르르 올라온다. 사건을 만든 범인은 씩씩거리며 분이 풀리지 않는지 소리를 지르며 옆에서 붙잡는 사회복지사의 팔을 손톱으로 꼬집는다.

"선생님! 옆에 다른 참여자분들 데리고 식사하러 가주세요. 안에 계신 분들은 던질 수 있는 물건 다 치워주세요."

한쪽에서는 악쓰는 소리가 들리면서 20대 초반 남성이 귀를 막고 단음절의 욕을 뱉는다. 이어서 수저, 배식판이 날아가고 바닥에는 음식이 엎어진다. 이날 사건을 만든 범인 동우씨는 20대 건강한 청년으로 오후가 될 때마다 오르는 에너지를 표출하지 못해 물건을 던진다. 그리고 자신의 손을 할퀴고 비명을 지른다. 사건이 잠잠해지고 민망한 듯 머리를 긁적이며 자리에 앉아 찰흙을 만지고 있는 그를 보며, 휴우, 다들 한시름 놓은 듯 자리에 앉아 아무 말 않고 할 일을 시작한다.

"왜 그렇게 너 자신을 신경 쓰지 않아? 너 몸부터 생각해야지. 그렇게 비효율적으로 할 거야? 그렇게 해서 남는 게 뭐가 있는건데."

엄마가 저녁을 먹으면서 말했다. 내 친구들도, 동생도. 그로 인해 처음 팔에 상처를 안고 집에 온 날 들은 말이다. 비효율적. 그래, 내 능력 밖의 일인데 자만해서 한 것일지 모르겠다. 매일 손이 뜯기고 엎어진 음식을 치우며 썩은 동아줄을 붙잡고 매달리고 있는 것일지 모르겠다는 생각이 들었다. 불확실한 것에 에너지 소비하고 있는 것을 싫어하는 나 자신은 불확실한 것에 에너지를 소비하고 있었다. 드디어 바뀐 것인가 기대감이 차오르다가도 물건을 다시 던지고 소리 지르는 모습을 지켜보면 온몸에 타오르던 신입의 포부는 지하 끝으로 내려갔다. 그것이 내가 처음 이분들과 도전을 시작했을 때의 일상이었다.

퇴근하면서 울기도 하고, 잘 되길 바라는데 안 되는 모습에 화도 나기를 반복하던 어느 날, 이날은 2년간의 챌린지 생활을 마무리하고 다른 평생교육센터에 더 많은 사람과 만날 수 있도록 전이한 상현 씨의 어머님과 상담하던 차였다.

"예전엔 매일 얘랑 싸웠는데, 요즘엔 문득 거울 보다가 왜 요즘에는 내가 얘 때문에 스트레스도 안 받고 싸우지도 않지? 아 이게 행복인가? 이런 기분이 들더라구요."

나 혼자 절벽 끝에 매달려있는 심정이었는데, 누가 한 뼘 끌어올려 준 느낌. 이때부터 목표를 세웠다. 내가 퇴사하기 전까지는 이분들을 모두 데리고 직접 가고 싶은 음식점 가서 직접 주문하는 날 하루는 만들어야겠다. 그리고 매일 연습했다. CCTV와 창문을 부술 정도로 에너지가 넘치는 동우 씨는 그림

자료로 규칙 외우는 연습을 하고, 휠체어를 타다 화가 나면 소리를 지르는 현지 씨는 화가 날 때마다 좋아하는 노래 들으며 산책할 수 있게 했다. 큰 소리를 들으면 물건을 던지는 현준 씨는 잘할 때마다 스티커를 붙이며 다 채우면 가족 외식을 하기로 어머님이 같이 약속했다. 너무나 똑똑하고 혼자서 무엇이든 잘하지만, 화가 나면 어디로 튈지 모르는 민수 씨는 화가 날 때마다 바로 이야기하고 혼자만의 시간을 보내는 것으로 약속해나갔다. 그렇게 몇 개월 연습했고, 한 치 앞도 모르는 결과를 두고 그 '비효율적인 도전'을 우리는 함께 해나갔다. 근무 시간도 조정하며 있어 준 김 선생님과 항상 웃으며 현지 씨의 휠체어를 끌어주는 이 선생님. 우리는 모두 비효율적인 도전을 몇 개월간 해나갔다.

"저는 항상 이제 그만할까 생각했어요. 근데 이게 중독인지 모르겠어요. 한 번 달라진 것을 보는 거 그거 때문에 그만두지 못하겠어요."

늦은 오후 참여자들이 하관하고 커피를 마시며 김 선생님께서 하신 말씀이다. 썩은 동아줄 잡는 게 나 혼자만은 아니었구나. 우리 모두 비효율과 보람 그 어딘가에서 의미를 찾기 위해 매일 안간힘 쓰고 있구나.

몇 개월 동안 물건도 부서지고, 이분이 물건 던지니까 매트를 이렇게 깔아볼까요? 클레이를 드리면 좀 지루함이 덜해지지 않을까요? 참여자 하관 뒤에 일자리 선생님과 나는 끝없는 토론을 계속하며 이 도전을 계속했다. 내 퇴사가 얼마 남지 않았을 때, 이분들을 데리고 함께 나가는 외부 활동을 계획했다. 설상가상으로 함께 근무하던 다른 선생님의 법인 연수가 겹쳐 나와 일자리 선생님 두 분이 이분들을 데리고 나가야 했다.

아침에 내 퇴사 일을 말했을 때 뜨뜻미지근했던 이분들이 어찌 상황을 이해한 듯 아무도 뛰지 않고 소리 지르지 않고 아이스크림 가게에 가 원하는 것을 골라 주문까지 했다. 꽃다발 받고 선생님과 어머님들께 인사하고 생각보다 눈물이 나지도 기분이 이상하지도 않았다. 이상하게나마 후련하고 앞으로 새로운 곳에서 이분들이 어떤 모습일지 조금의 걱정을 가지고 집에 왔다.

"선생님 보고 싶어요."

핸드폰을 너무 잘 사용하는 민수 씨는 가끔 아직도 내게 문자를 한다. 새로운 선생님과 적응 잘해야 한다는 마음에 답장은 하지 않는다. 그래도 문자가 오지 않으면 무슨 일이 있나 궁금하기도 하다. 내 20대 첫 직장에서 함께 도전한 그때 우리가 아직도 생각이 난다. 함께해줘서 너무 감사했습니다.

모스크바 횡단 열차

작년 봄, 정신없이 매일 몇 잔의 아메리카노에 의존하며 퇴근 후 집에 가면 날마다 곯아떨어지기 일쑤였다. 매일 새로운 만남을 가지며 상담하고, 그들이 원하는 삶과 하고 싶은 것을 알기 위해 고민하면서 내 열정과 에너지를 불태운 뒤 집에 오곤 했다. 그날도 그런 어느 날 중 하나다. 연우 님과의 첫 만남이었다. 만남을 앞두고 필요한 서류를 출력하며 앞선 통화 내용을 떠올렸다. '하고 싶은 거 할 수 있다 해서 신청했어요. 그래서 이거 뭐 어떻게 하는 거예요?' 기대감이 조금도 느껴지지 않는 무기력한 말투였다. 왜 신청하신 거지? 의문투성이인 연우 님을 만나러 상담실로 내려갔다. 연우 님과 연우 님의 담당 사회복지사 선생님이 함께 상담실에 들어와 인사를 나눴다. 인적 사항을 기록한 뒤, 자신이 하고 싶은 것에 대해 이야기를 시작했다. 연우 님은 오로지 자신이 좋아하는 건담만 만들고 싶다고 했다.

"건담 만들 거에요. 일본 애니메이션 나오는 거요 캐릭터."

자신이 좋아하는 한 가지의 일만 계속할 수 있다면 좋겠지만, 결국 사람이 살아가기 위해서 사람은 자신이 어떠한 삶을 살아갈 것이며 그것을 이루기 위해 무엇이 필요한지 고민할 필요가 있다. 그렇기에 건담 이외에 할 수 있는 일을 연우 님은 고민해야만 했다.

"연우 씨가 건담을 좋아하니까, 그것을 차라리 다른 사람에게 나눠주거나 판매를 위해서 조금 더 꼼꼼히 만들어보자, 라는 제안을 했고 연우 씨도 그거에 동의했어요. 그렇게라도 해보려고 해요. 연우 씨는 주변에 무엇이 필요한지, 어떤 것을 조심해야 하는지 알려주는 사람이 곁에 없었어요. 제가 주 담당자가 아니지만, 그것을 좀 지원하고 싶어요."

연우 님과 함께 온 사회복지사 선생님도 연우 님을 지원하는 담당자는 아니었다. 하지만 오롯이 연우 님이 어떤 삶을 살아갈지, 어떤 것을 좋아하고 어떤 것을 싫어하는지 조금이나마 스스로 알 수 있도록 끊임없이 대화하고 함께 시간을 보냈다. 선생님은 연우 님을 데리고 쌍문역 이곳저곳을 돌아다녔다. 건담을 함께 만들고, 비즈 팔찌 만드는 법을 알려드리고, 볼링을 함께 치며 그들은 매 순간 소통했다. 선생님은 연우 님의 마음에 대해 끊임없이 질문했다.

"저번엔 연우 씨가 책을 읽고 싶다 해서 서점에 갔어요. 처음이에요."

"선생님이 좋아요. 제 맘을 알아주니까요." 연우 님이 제일 좋아하는 것은 여전히 건담이었다. 하지만 새로운 것들을 어느 순간부터 이야기하기 시작했다. '볼링', '만화책'. 연우 님의 삶에서 새로운 것들이었다. 그리고 또 하나 알게 된 게 있다. 연우 님은 좋아하는 것을 혼자 하기보다 자신의 마음에 공감하고 알아주는 사람과 함께하는 것에 기쁨을 느낀다는 것이었다.

연우 님과 활동이 마무리된 이후로도 계시는 기관에 종종 다른 분을 만나러 갈 때가 있었다. 흘긋흘긋 쳐다보며 쌤 안녕하세요, 인사하며 나한테 먼저 다가온다.

"연우 님, 요즘은 어떻게 지내요?"

"건담 만들어요. 아 요즘엔 모스크바 횡단 열차 타 보고 싶어요. 유튜브로 봤는데 좋아 보이더라구요."

　우리 사회에서는 아직까지 하고 싶은 것을 해보라고 이야기한다. 아이한테도, 어른한테도. 내가 무엇이 필요할지, 어떤 삶을 살아가고 싶은지 고민해 볼 수 있는 충분한 시간과 방법 없이 원하는 삶을 살아가라고 이야기하는 건 너무 가혹하지 않은가. 나는 끊임없이 원하는 삶을 살아가라고 연우 님을 재촉했을지도 모른다. 사실 자신이 원하는 삶이란 건 규정되어 있기보다 매 순간 어떤 사람을 만나고, 어떤 시간을 보내냐에 따라 계속 변할 수 있다고 생각한다. 나 자신이 하고 싶은 것을 알라고 재촉하면서 나는 그들이 침묵으로 일관하는 것도, 좋아하는 것만 하는 것조차도 그들이 원하는 삶을 살고 있다는 생각을 왜 하지 않았을까. 연우 님이 하고 싶은 것과 원하는 삶에 대해 진지한 고민을 활동 마무리에 와서 생각해 보게 된 것을 나는 처음에는 '아쉬운 결과'라고 생각했었다. 내가 이때 조금만 더 나서서 활동 계획이 지연되지 않게 이야기했다면? 다른 활동을 해보자고 제시했다면? 물론 연우 님은 더 다양한 경험을 했을지도 모른다. 연우 님이 '모스크바 횡단 열차'를 어디선가 보고 이야기한 것은 내가 보여드린 게 아니었다. 스스로 사람을 만나고 대화하고, 경험해가며 알게 된 것이었다. 그렇다면 우리는 스스로 원하는 삶을 찾으라고 재촉하는 게 아니라, 많은 사람을 만나고 경험할 수 있도록 하는 것이 최선의 역할이다. 우리 모두는 고민하고 경험을 통해 울어보고 웃어보며 자신 스스로 알아갈 수 있는 권리와 힘이 있는 사람이다.

멀리서 보면 희극,
가까이서 보면 비극

24살, 나는 함께 졸업한 친구들의 이른 취업을 연달아 지켜보며 발을 동동 구르고 있었다. 지금의 내가 바라보는 그 시절의 나는 여행도 갈 수 있고, 얼마든지 새로운 것에 도전도 할 수 있는 수많은 가능성을 지닌 사람이겠지만, 그때 나는 '나 혼자 실패자야!' 사자 앞에 놓여 두려움에 떠는 토끼와 같다고 생각했었다. 나는 얼른 취업이라는 관문을 서둘러 마치고 싶어 했다. 여행과 자유, 앞으로의 희망을 마음껏 누려볼 생각은 하지 못하고 오로지 취업에만 몰두할 뿐이었다.

결국 나는 그토록 원하던 취업을 했고, 매일 4호선 지하철 사람들 사이에 끼어 출근했다. 시간은 흘러 어느 겨울날, 김밥처럼 까만 롱패딩에 둘러싸인 사람들과 지하철 열차 안에서 꾸벅꾸벅 졸고 있었다.

"아 진짜 짜증 나게! 몇 번째야 이게!"

웅성거리며 지하철이 멈추고, 사람들이 짜증 내는 소리가 여기저기서 들린다. 이상함에 이어폰을 빼고 소리의 근원지를 찾았다. 곧이어 역사 안내방송이 나온다.

"전국장애인차별철폐연대의[1] 휠체어 탑승으로 열차가 지연되오니…"

'뭐야, 지각이야?' 짜증이 솟구치며 지연증명서, 회사 지각할 때 대처하는 방법 등을 검색했다. 시위가 왜 일어났는지는 궁금하지도 않았다. '왜 출근 시간에 다른 사람한테 피해를 줘, 정말이지 이기적이네' 하고 생각하며 택시 잡기에 정신없었다. 지금 생각해 보면 모순적인 일이다. 사회복지 현장에서 근무하면서 그때 나는 정해진 틀에 맞춰 일하기 급급했다. 엑셀에 실적을 작성하고, 사업 목표에 맞춰서 일하고, 일지를 작성하는 그들과

---
1) 전국장애인차별철폐연대 휠체어 탑승: 2007년에 설립된 장애인 인권 단체로, 2021년부터 장애인 이동권 보장 및 장애인 권리예산 반영을 요구하며 출근길 지하철 시위를 시작했다.

거의 반나절을 함께 시간을 보내면서도 정작 이 사람이 갑자기 왜 소리를 지르는지, 왜 팔을 물고 자해하는지 궁금해하지 않았다. 그저 교육받은 그대로 이때 나는 이렇게 행동해야지, 이때에는 이렇게 해야지, 당사자들한테 요구하고 사회의 규범대로 행동하길 주입했다. 그러나 모르는 사람들은 그저 어디를 가도 소리 지르고, 물어뜯고, 물건을 던지는, 어떤 사회에서도 용인되지 않는 행동을 하는 사람들을 차분하게 진정시키는 나를 보며 마치 엄청나게 대단한 일을 한 것처럼 칭찬하기도 했다.

부모의 우울감을 함께해야만 했다. 언젠가는 시설로 보내질 것인데, 뭐 하러 이것을 해야 하냐는, 조금의 기대도 희망도 없이 그저 경찰서만 안 갔으면 좋겠다는 바람만 가진 부모도 있었다. 경쾌하지 않은 날들의 연속이었다. 내 마음을 알아주지 않는 그들과 그들의 부모에게도 화가 났다. 정작 나조차 그들의 행동은 무언가에 화가 나서, 기쁨에서, 가지고 싶은 마음에서, 아파서, 수십 가지의 이유를 가지고 나타날 수 있다는 점을 간과한 채로 내 마음만을 요구했다. 문장을 말하지 못해 배고프고 답답한 마음을 울음을 통해 엄마에게 알리는 아이를, 나는 왜 말을 못 하느냐고 다그친 셈이다. 그렇다고 그들이 자신을 할퀴고 물건을 던지는 모습을 가만히 두었어야 한다면 절대 그렇지는 않지만, 적어도 그들이 이해할 수 있는 언어를 통해 알렸어야 했다.

    장애를 지닌 사람들을 만나오면서, 우물 안 개구리였던 나는 다른 세상이 있다는 것을 조금씩 알기 시작했다. 무얼 하고 싶은지 결정하는 것이 누군가에게는 쉽지만, 발달장애인들에게는 흔치 않은 경험이라는 것을, 장애인이 성욕을 가졌다는 사실이 어떤 누군가에겐 혐오감을 줄 수 있다는 것을, 그렇게 속으로 비난했던 전국장애인철폐연대시위가 왜 일어났는지를 알게 되었다. 그리고 이제야 그 '왜?'를 질문하게 된 것이다. 왜 장애인콜택시 배차가 이렇게 늦는 것이지? 어떤 자폐성 장애인은 왜 그렇게 차가운 물에 팔이 빨개질 때까지 담그는 것을 좋아하지? 이 AAC(보완대체의사소통)[2] 자료를 뇌병변장애를 지닌 참여자가 이해하기 어렵다고 한 이유는 뭐지? 계속해서 질문해가기 시작했다.

    자신이 하고 싶은 것을 고민해 다른 사람을 도와주는 선한 영향력을 미치며 보람을 느끼는 사람도 만났다. 장애를 가져서 제약이 있을 것이다, 라고 판단했던 자신의 생각에 전환점이 생기며 다른 사람을 도와주고, 끊임없이 배우며 성장의 기회를 맞

---

[2] AAC(보완대체의사소통): 말하기, 글쓰기 등으로 표현하는 데에 어려움이 있는 사람들의 말을 보완하거나 대체하는 데에 사용되는 방식으로, 표정, 그림, 글자 등으로 의사소통하는 것을 의미함.

볼 수 있었던 사람도 만나게 되었다.

"행복했던 기억, 활동하면서 자신감 올랐어요."

"전 이제 결혼도 하고 아파트에서 살고 싶어요."

"강사 되어 강의하고 싶어요. 그리고 더 많은 것을 배워보고 싶습니다."

"이분을 지원하면서 이용자도 충분히 가능하다는 생각이 들었어요. 앞으로 장애인들이 스스로 생각할 수 있게끔 지원하는 더 많은 프로그램이 생겨났으면 좋겠습니다."

인생은 멀리서 보면 희극, 가까이서 보면 비극. 장애인의 삶도 그럴 수 있지만, 아닐 수도 있다. 멀리서 누군가에게는 비극적일지 몰라도 가까이 들여다보면 희극일지 모른다. 누군가가 장애인의 삶을 비극적일 것이다, 라고 치부해도 자신의 삶에 희망을 느끼고 자신이 가진 역할에 행복을 느끼는 사람은 장애인이든, 비장애인이든 그 사람 인생은 희극일 것이다. 그리고 그렇게 되기 위해서는 그들과 시간을 함께 보내는 우리도, 사회도 그들의 인생을 규범 짓지 않아야 할 것이다.

작가의 말

언젠가 교육을 들으러 간 날, 다른 직업군의 많은 분과 이야기 나눌 수 있는 기회가 있었다. 장애인복지관에 일하는 사회복지사라고 소개를 한 뒤, 누군가 "좋은 일 하시네요. 장애인들이 폭력 쓰지는 않나요?."라며 걱정이 담긴 말을 건넸다. 걱정과 위로였지만, 삐딱한 내 마음은 '불편함'이라는 감정을 느끼게 되었다. 장애인은 폭력을 행사할 수 있는 사람, 사회복지사는 도와주는 사람이라는 그 생각이 우리 사회에 아직 만연하다고 느껴서였는데, 생각해 보면 나 또한 현장에서 직접 경험하기 이전에는 와닿지 않은 것이 있었다. 많은 사람은 개인의 일에 생각보다도 관심이 없다. 발달장애인이 손뼉을 짝짝 치며 상동 행동을 하는 것, 장애인차별철폐연대의 이동권 보장 시위를 지켜보며 나와 다른 이방인을 쳐다보듯 훑어보고 갈 뿐이다.

이 글을 읽고 조금이나마 많은 사람이 이방인 바라보듯 쳐다보는 것이 아닌, 조금이나마 왜? 라고 그들의 삶을 궁금해했으면 하는 마음이 있다. 그들이 주체적으로 자신만의 삶을 만들어 가기 위해 보장받아야만 하는 권리가 '배려받아야 하는 것'으로 치부되지 않도록 우리는 그들의 삶을 더 궁금해하고 이해해야 한다고 생각한다.

이상오

작가소개

장애인이 지역사회 안에서 어떻게 하면 지금보다 더 행복한 삶을 살아갈 수 있을지 고민하고 지원할 수 있는 방법을 모색하며 가치 있는 삶을 살고자 노력하는 사회복지사이자 평생교육사입니다.

특별한 선물

　어른이 되어서야 사랑한다는 말의 참된 의미를 알게 되었고, 결혼하고 부모가 되어서야 진정한 사랑을 하게 된 것 같다. 아주 오래전부터 내가 사랑했고 나를 사랑했던 그 사람! 어머니! 요즘 들어 어머니 생각이 많이 난다. 사랑하며 살았기에 행복했고, 행복하게 살다 보니 감사하는 마음이 생겼다. 비록 지금은 이세상에 계시지 않지만 나에게 베풀어 주신 어머니의 사랑은 잊을 수가 없다.

　결혼 후 어렵게 얻었던 첫 아이를 유산했다. 그 아픔을 딛고 다시 얻은 너무나도 귀중한 생명이었던 아들 온유를 향한 우리 부부의 사랑은 각별했다. 아내와 나는 매 순간 아이와 눈맞춤 하며 아이에게서 눈을 떼지 않으려고 노력하며 지냈다.

그날 밤도 여느 때와 같이 뒤늦은 퇴근 후 아들의 다리를 만지며 장난을 치려고 하는데 다리에 반동이 전혀 없었다. 다시 다리를 들었다 놓았지만, 아들의 다리는 맥없이 바닥으로 떨어지고 말았다.

"여보, 온유 다리가 왜 이러지?"

아내도 맥없이 떨어지는 아들의 다리가 이상한 것 같다면서 바로 집 가까이에 있는 병원으로 갔다. 병원에서 몇 가지 검사를 해보더니 좀 더 큰 병원으로 가봐야 할 것 같다고 했다. 아내와 함께 속으로 '별일 아닐 거야' 하며 두려운 마음을 애써 감추며 택시를 타고 부랴부랴 상계백병원 응급실로 갔다. 늦은 밤이라 응급실에서는 급한 진료만 했고, 날밤을 지새우고 나서 이른 새벽부터 분주하게 검사를 시작했다. 병원에서는 몇 차례 검사해 보더니 다리에 이상이 있는 것이 아니라 다리로 가는 신경계통 쪽에 이상이 있는 것 같다면서 뇌 CT를 찍어보아야 할 것 같다고 진단했다. 뇌 CT 촬영 후 아내와 나는 담당 주치의로부터 가슴이 무너져 내리는 청천벽력과 같은 소리를 들어야만 했다.

온유의 뇌세포가 많은 부분이 파괴되었고, 그래서 다리가 움직이지 않았다는 것이다. 이제 겨우 생후 5개월밖에 되지 않은 아이였다. 온유는 자연적인 뇌 손상 발생으로 좋은 면역체계 일부가 파괴되고 있어서 치료받아야만 했다.

"치료 과정 중에 아이가 장애인이 될 가능성도 있습니다."
라는 담당 주치의의 말에 아내와 나는 서로 부둥켜안고 통곡했다. 우리 부부는 땅이 꺼지는 것만 같은 슬픔을 가까스로 버텨 내고 있었다. 아들을 위해서 우리는 할 수 있는 최선의 모든 일을 다 해야만 했다.

왜 우리 부부에게 이런 일이 일어난 것일까? 우리가 무슨 잘못을 했기에 이런 고통을 우리에게 주시는 것일까?

누구나 힘들고 어려운 상황이 닥치면 자연스레 가지게 되는 그 질문을 우리 부부도 하고 있었다. 그때는 도저히 받아들일 수도 없었고 감당하기조차도 어려웠다. 그렇다고 마냥 절망만 하고 있을 수는 없었다. 아들의 회복을 위해 그 순간 우리 부부가 할 수 있는 것은 모든 일을 담당 주치의의 손에 맡기고 하나님께 기도로 간절히 매달리는 것밖에는 없었다.

그 어린 생명이 온갖 고통을 감내하고 울부짖으며 치료받는 모습을 곁에서 지켜보는 것조차도 큰 아픔이었다.

아내와 나는 담당 주치의를 비롯하여 의사 선생님들을 믿고 온전히 기도하며 기다렸다. 그러자 시간이 지날수록 아들은 조금씩 호전되어 갔다. 나도 믿기지 않았고, 아이를 치료하는 주치의조차도 놀라워했다. 그렇게 온유는 건강한 모습으로 회복했고, 퇴원할 수 있었다.

1년이 흐른 후에 다시 병원에 가서 검사받았을 때도 주치의는 "아이는 건강하게 완치되었으니 이제 걱정하지 않아도 됩니다."라고 말했다. 그 순간에는 세상을 다 얻은 기분이었고, 그동안의 모든 고통이 한순간에 사그라드는 것만 같았다.

아들이 퇴원하던 그해에 대학 동아리 후배의 소개로 '장아람'을 알게 되었고 연말 행사에 참여하여 많은 장애아동을 볼 수 있는 기회가 생겼다. ('장아람'은 장애아동을 사랑하는 사람들의 줄임말로 1995년에 설립되었으며 장애아동이 지속적인 교육과 치료를 받을 수 있도록 후원하고, 장애아동 가족지원을 통해 격려하고, 장애아동의 가족과 회원들과의 만남이 있는 프로그램을 운영하여 함께 사랑하며 살아가는 세상을 꿈꾸며, 실행하는 사회복지법인이다.) 이곳에서 처음 본 아이들의 모습이 처음에는 조금 낯설기도 하면서도 순수한 모습에 마치 자석에 끌리듯 마음도 조금씩 끌리는 느낌을 받았다.

집으로 돌아오는 길에 아이들의 모습이 자꾸만 뇌리를 스쳐 지나갔다. 아들 온유를 건강하게 회복 시켜준 감사의 마음으로 무언가 행동으로 옮겨야만 할 것 같았다. 그래서 작으나마 후원자가 되기로 결심하고 그날 이후로 정기후원을 하게 되었다.

그 사이 장애아동에 대하여 조금은 알고 이해한다고 생각하였는데 현장에 와서 보니 장애아동뿐만 아니라 장애인에 대하여 전반적으로 모르는 것들이 너무 많음을 알게 되었다.

그리고 나서 10여 년의 오랜 시간이 흘러갔다. 잊고 지냈던 아들의 건강 회복에 대한 그 순간의 기억이 자꾸만 머릿속에 맴도는 것 같았다. 아들이 완치되어서 장애인으로 살아가지 않아도 된다는 안도감에 기억을 잊고 살았던 것 같다. 그리고 언젠가는 기회가 찾아온다면 일정 기간만이라도 많은 것을 내려놓고 장애인을 위해 섬길 수 있는 곳에서 일을 해야겠다는 생각을 늘 했다. 그런데 10년의 세월이 흘러갈 무렵, 장애인복지관에서 일할 수 있는 기회가 찾아왔다. 나는 맡겨진 일에 열심히 최선을 다하기로 했다. 입사 후 2년 동안은 운영지원팀에서 근무하였기에 실제로 장애인을 직접 접할 일은 그렇게 많지 않았다. '드림 놀이터'를 이용하는 아동 장애인들을 접하는 것이 대부분이었던 것 같다.

장애인복지관에서 3년째 되던 해에 부서 이동을 하게 되었다. 지원팀에서 사업팀으로 이동하면서 싫든 좋든 장애인들과 직접 부딪치면서 사업을 꾸려나가야 했다. 성인 발달장애인을 위한 새로운 사업을 시작하는 업무였다. 이삼십 대의 성인 발달장애인들의 주간 활동 프로그램으로 매일 오전 10시부터 오후 4시까지 프로그램과 돌봄을 병행하며 주 5일을 그들과 함께 보냈다. 모든 일이 처음이었다. 프로그램을 진행하는 것도, 발달장애인들과 함께 보내는 것도 처음 시작하는 사업이라 준비부터 시작까지 모든 일이 막막했다. 하나씩 차근차근 잘 준비하고자 애를 썼지만 쉽지만은 않았다. 그리고 드디어 여덟 명의 발달장애인들과 함께 내 인생의 새로운 삶이 시작되었다. 그들과 함께하겠다고 한 이상 끝까지 열심히 잘 버텨보자며 스스로 다짐했다. 어떤 일이 있어도 이들 모두를 졸업시킬 때까지는 책임지고 끝까지 함께 가기로 했다. 발달장애인들과 함께 보내는 시간이 처음에는 많이 낯설고 힘들었지만, 시간이 지날수록 그들과 함께하는 시간이 참으로 감사했다. 발달장애인 한 명 한 명을 좀 더 이해하고 알아가기 위해 모르는 것은 팀장님과 동료들에게 물어가면서 배움의 시간도 가질 수 있었다. 뇌 손상에서 회복된 큰아들 또래의 당사자였기에 더욱더 마음이 갔는지도 모르겠다. 사실 큰아들은 생후 5개월 때 자가면역질환으로 뇌의 한 부분이 파괴되고 있다는 의사의 진단을 받았다. 면역 세포의 자유로운 출입을 막는 뇌의 기능 손실로 면역체계에 큰 영향을 주었다고 한다. 감사하게도 건강하게 잘 자란 아들은 지금 군인이 되어 국방의 의무를 잘 수행하고 있다. 흔히들 사랑의 반대는 증오라고 생각하기 쉽지만, 상대방에 대한 어떠한 관심도 없는 상태인 무관심이야말로 사랑의 반대가 아닐까! 시간이 흐를수록 그들에게 좀 더 가까이 다가가며 관심을 가지고 조금이라도 더 알아가고자 노력했다. 그렇게 5년 동안 함께하다 보니 정도 많이 들었고 그들에 대하여 많은 부분을 알게 되었다. 그럼에도 불구하고 졸업을 시켜 떠나보내야 할 때는 마음 한편에 아쉬움도 많았다. 좀 더 잘 대해 주지 못한 아쉬움 말이다.

    장애인들과 함께 보내고 있는 삶의 현장에서 장애인 당사자가 더 행복한 삶을 살아갈 수 있도록 도움을 주고, 우리가 살고 있는 이 세상의 행복하고 아름다운 순간을 공유하며 살아갈 수 있으면 좋겠다. 내게 주어진 소중한 하루가 헛되이 지나가지 않도록 오늘도 최선을 다해 살고자 노력하고 있다. 타인을 위해 좀 더 가치 있고 의미 있는 삶이 될 수 있도록 결코 다시 오지 않는 '오늘'이라는 특별한 시간을 잘 사용할 수 있으면 좋겠다.

내가 맡고 있는 장애인들을 위해 내가 가장 잘할 수 있는 것은 무엇일까, 고민했다. 그들과 함께하는 동안에 한 사람 한 사람의 소중한 삶의 순간들을 오래도록 보고 기억할 수 있도록 멋진 사진을 찍어주기로 했다. 그래서 모든 활동마다 최고의 순간들을 사진으로 찍어 매년 포토북을 만들어 주었다. 그것은 그들에게도 나에게도 좋은 선물이 되었다.

　앞으로도 사회복지사로서 날마다 만나는 장애인들에게 웃음과 기쁨을 주고, 힘과 용기를 줄 수 있는 그런 시간을 보낼 수 있도록 최선을 다할 것이다. 5년 동안 성인 발달장애인들과 함께 보낸 그 시간은 내게 '특별한 선물'이었다.

삶과 죽음의 현실 앞에서

한때 나의 꿈은 학교에서 학생들을 가르치는 것이었다. 그래서 대학 시절 부전공으로 교직을 이수하고 교원자격증까지 취득했다. 물론 교사가 되지는 못했지만, 지금까지 살아오면서 이전 직장에서는 청소년들의 학습을 돕는 일을 했고, 현재 다니고 있는 복지관에서도 여전히 누군가를 가르치는 일을 하고 있다. 학교에서 학생들을 가르치는 정교사는 아니지만 배움이 필요한 곳에서 도움을 줄 수 있는 사람으로 살고 있다는 사실이 기쁘다.

2020년 3월에 오동통대학('오늘부터 동대문장애인종합복지관과 함께 통통 튀는 삶을 꿈꾸는 대학'의 줄임말로, 성인 발달장애인 그룹의 낮 활동을 지원하는 프로그램)에 영식이라는 20대 초반의 청년이 새로 들어왔다. 영식 씨는 큰 키에 마른 체격이었고 까치발로 걸어야 해서 보기에는 매우 불편해 보였다. 언젠가 복지관 앞에 있는 청계천을 걷는 그를 유심히 살펴보았는데, 내 걱정과는 다르게 걸음에는 전혀 문제가 없었다.

영식 씨는 다른 참여자들과 마찬가지로 청계천 걷는 것을 무척 좋아했다. 무엇보다 그는 양손 하트를 날리며 환하게 웃음 짓는 미소가 매우 매력적이었다.

그날도 조금 일찍 복지관에 도착한 영식 씨는 노트에 무언가를 열심히 또박또박 쓰고 있었다. 그의 노트에는 '선생님 좋아요'라는 글귀가 쓰여 있었다. 복지관에 도착하면 담당자였던 나에게 가장 먼저 하는 말이 언제나 '선생님 좋아요'였다. 영식 씨는 나의 어떤 모습이 좋았던 것일까? 그에게 나는 어떤 존재였을까? 문득 궁금해졌다.

영식 씨는 늘 빈 종이에 무언가를 열심히 쓰는 것을 좋아했다. 그래서 언제나 연습장과 볼펜을 가지고 다닌다. 가끔 영식 씨가 연습장에 쓴 것을 보면 '이상오 선생님 좋아요'라는 글귀가 한눈에 들어온다.

    코로나가 너무 심하여 복지관을 올 수 없을 때 복지관에서 2인 1조로 가정방문을 한 적이 있었다. 그때 영식 씨와 함께 중랑천에 가서 배드민턴을 친 기억이 떠올랐다. 배드민턴 치는 것이 쉽지 않았지만 셔틀콕을 배드민턴 라켓에 맞출 때마다 함박웃음을 짓던 그의 모습이 아직도 눈앞에 선하다.

    일곱 명의 장애인 그룹과 매일 같이 함께하면 한 명 한 명에게 깊게 관심을 가지고 사랑하는 것은 쉽지 않다. 게다가 영식 씨와는 사실 의사소통이 아주 원활하게 되는 것도 아니었다. 하지만 지나고 보니 영식 씨가 나를 좋은 선생님으로 생각했던 것 이상으로 나 역시도 그를 좋은 제자로 생각하고 있었던 것 같다.

    복지관에서 오동통대학 참여자들과 함께 1년 반의 시간을 보낸 후 영식 씨는 가정 사정으로 엄마와 함께 강원도 동해로 내려가야만 했다. 처음에는 여름방학 기간만 보내고 올 계획으로 갔지만 현지에서의 상황이 좋지 않아 그곳에 머무르는 시간이 더 길어졌다. 결국에는 당장 서울로 올라오는 것이 어렵게 되면서 오동통대학을 다닐 수 없게 되었다. 그 이후에도 소식이 궁금하여 간간이 어머니와 통화를 하면 잘 지내고 있다는 이야기만 들었다.

그러던 어느 날 어머니로부터 충격적인 소식을 들었다. 영식 씨가 코로나 기간이었던 2022년 4월에 B림프구성급성백혈병(혈액암) 진단을 받았다는 것이다. 그리고 통화가 되었던 그 날에 영식 씨는 누나로부터 골수이식을 받고 생착을 기다리는 중이라고 했다.

영식 씨의 혈소판과 혈색소가 부족하다고 했다. 그래서 매일 수혈하지만, 혈액 공급이 잘되지 않는 모양이었다. 다행히 나와 같은 혈액형이어서 나도 가서 헌혈하겠다고, 주변 지인들에게도 알려서 지정헌혈을 할 수 있게 하겠다고 영식 씨의 어머니께 말씀드렸다.

영식 씨 어머니와 통화를 마치고 바로 지정헌혈에 대한 도움 내용을 작성하여 지인들에게 헌혈 도움을 요청하는 내용을 전달했다.

안녕하세요.
작년까지 오동통대학을 담당했던 이상오 사회복지사입니다.
2020-2021년에 오동통대학을 이용하다가 가정 사정으로 중도 종결한 영식 씨의 안타까운 소식을 전합니다.
영식 씨는 2022년 4월에 B림프구성급성백혈병(혈액암) 진단을 받고 현재 서울대병원에 입원하여 치료를 받고 있습니다.

2023년 1월 17일에 누나로부터 골수이식을 받고 생착을 기다리고 있는 상황입니다.

혈소판과 혈색소가 부족해서 수혈을 매일 하고 있지만 누나의 혈액형으로 바뀌어 AB형 혈액공급이 잘 안되고 있다고 합니다. 주변에 AB형 혈액이신 분들 계시면 가까운 혈액센터에 가서 헌혈부탁을 드립니다.

헌혈시 꼭 지정헌혈이라고 말씀하시고 아래 수혈자 번호 보여 주셔야 합니다.

"환자의 생명을 살리는 헌혈" 많은 참여 부탁드립니다.

지정헌혈 시 가까운 헌혈 장소를 방문하여 문진 간호사에게 수혈자 등록번호를 보여 주시기 바랍니다.

○ 수혈자 등록번호 : 230126-0000

○ 요청 의료기관 : 서울대학교병원(11100079)

○ 환자 혈액형 : AB(+)

○ 혈액형 일치여부 : 일치(일치인 경우 동일 혈액형만 지정헌혈 진행가능)

○ 필요 혈액제제 : A-PLT[M]

○ 진행기간 : 2023-01-26 ~ 2023-07-25

비록 짧은 시간이었지만 영식 씨와 통화를 할 수 있었다.

"여보세요, 영식 씨? 영식 씨구나. 잘 지냈어요? 많이 힘들죠?"

"선생님, 보고 싶어요"

그렇게 힘든 상황에서도 여전히 영식 씨는 늘 나에게 하는 멘트를 잊지 않았다. 영식 씨의 그 말을 듣는 순간 눈에서 주체할 수 없을 정도의 눈물이 왈칵 쏟아지고 말았다. 영식 씨와 함께 보낸 그 시간 속에서 더 잘해주지 못한 미안한 마음이 자꾸만 나의 가슴을 후벼 파는 것만 같았다.

북받치는 감정을 최대한 절제하며 영식 씨와의 통화를 계속 이어 나갔다.

"영식 씨, 치료 잘 받고 건강하게 회복해서 만나요. 선생님이 영식 씨를 위해서 계속 기도할게요."

"네. 선생님, 보고 싶어요."

시간이 흘렀다. 영식 씨의 골수이식 수술은 잘 되었고, 치료도 잘 받고 있다고 했다. 그리고 조금씩 건강도 좋아지고 있다고 했다. 중환자실에서 일반병실로 옮긴 후 면회가 가능하게 되면 조만간 시간 내어 병문안을 가겠노라고 영식 씨 어머니께 말씀드렸다.

그러고 나서 얼마 지나지 않아 영식 씨와 다시 통화가 되었고, 여느 때와 마찬가지로 그는 '선생님, 보고 싶어요'라는 사랑의 멘트를 내게 보냈다.

"영식 씨, 그동안 치료 잘 받고 건강이 좀 더 회복되면 그때 꼭 볼 수 있도록 해요. 그때까지 건강하게 잘 지내고 있어요."

"네."

그날이 영식 씨와의 마지막 통화가 될 줄은 꿈에도 몰랐다. 그날부터 얼마 지나지 않아 영식 씨 어머니로부터 영식 씨의 부고 소식을 들었다.

'아......'

한동안 할 말을 잃은 채 멍하니 창문 밖 하늘만 바라볼 수밖에 없었다. 정신을 차리고 영식 씨 어머니께 장례식장에서 뵙겠다고 말씀드리고 전화를 끊었다.

장애인병원에 마련된 장례식장에 들어서니 늦은 시간인지 찾아온 손님은 가족 외에는 거의 보이지 않았다. 부모보다 먼저 떠난 자식의 장례식이어서 그랬을까? 빈소에 들어서니 해맑게 웃고 있는 영식 씨의 영정사진이 마치 나에게 말을 거는 것 같았다.

'왜 이제 왔어요? 얼마나 보고 싶었는데.'

속으로 참고 있던 눈물을 삼키며 영식 씨와의 마지막 작별 인사를 마치고 그의 어머니와 누나, 동생들을 바라보며 인사하는 시간이 너무 고통스러웠다. 나도 몇 해 전에 어머니를 천국으로 보내드렸던 슬픈 기억이 있었기에 영식 씨 가족의 힘들고 가슴 아픈 그 순간을 누구보다 잘 알 수 있었다.

어머니가 다가와 영식 씨 이야기를 꺼냈다. 영식 씨는 동해에 내려가서도 오동통대학과 나를 참 많이 그리워했다고 한다. 서울에 있을 때도 오동통대학에 가는 것을 너무나도 좋아했었는데, 코로나로 오동통대학을 나갈 수 없는 상황 속에서도 노트에 오동통대학과 나의 이름을 적어가면서 그리운 마음을 늘 간직하며 지냈다고 했다.

가족과 마지막 인사를 마치고 장례식장을 나와서는 하늘을 멍하니 올려다보았다. 영식 씨가 여전히 작은 손하트를 날리며 말하고 있는 것 같았다.

'선생님, 보고 싶어요.'

'저는 괜찮아요.'

비록 지금은 이 세상을 떠나고 없지만 하늘나라에서 지켜보고 있을 영식 씨를 생각하면 지금 내가 하는 이 일에 더욱 최선을 다해야겠다는 생각이 든다.

사람은 누구나 태어나면 죽는 것이 순리이지만 함께 하는 모든 사람의 삶이 가치 있고 존중받는 삶이 될 수 있도록 삶의 현장에서 더욱 노력하는 사회복지사로 살아갈 것이다.

포기하지 않는 마음

 산은 나에게 늘 도전의 대상이었다.

 초등학교 4학년 때, 마을에서 가장 높아 보이는 산에 올라가 보기로 작정했다. 해발 336m의 낮은 산이었지만 초등학생 아이에게는 매우 높은 산이었다. 마음을 굳게 먹고 한 걸음 한 걸음 산을 오르기 시작하여 정상이라고 생각하면 또 능선을 타고 올라가야 했다. 정상은 쉽게 나타나지 않았다. 힘들어서 내려갈까도 생각했지만, 포기하지 않기로 했다. 그렇게 서너 차례 이어진 능선을 오르고 올라 정상에 도착했다. 정상에서 아래를 바라보니 학교를 포함하여 마을 전체가 한눈에 들어왔다. 아래에서 올려다본 산과는 또 다른 세상이었다. 어린 나이였지만 무언가 이루어 냈다는 작은 희열을 경험할 수 있었다.

민이는 첫 돌 전에 뇌 손상으로 장애인이 될 위기가 있었지만 건강하게 잘 회복되었다. 그런 아들의 첫 번째 생일이 되었을 때, 가족이 함께 도봉산 정상에 오르는 경험을 선물해주고 싶었다. 나의 거대한 프로젝트에 아내와 함께 두 명의 친구도 동행해주었다. 배낭형 포대기에 아들을 업고 도봉산을 올랐다. 올라가는 동안 아이가 잠이 들었을 때는 몸이 쳐져서 힘들다가도 잠에서 깨어 몸을 곧게 폈을 때는 마치 내 몸이 날아갈 듯 그렇게 가벼울 수가 없었다. 아들이 잠들었다가 깨었다가를 반복하는 동안 어느새 도봉산 정상인 신선대에 올라서 있었다. 아들과 아내와 함께 셋이 기념사진을 찍었고, 아들이 앞으로 건강하게 잘 자라기를 기도했다. 그런 아들이 어느새 20대 청년으로 장성하여 나라를 지키며 국방의 의무를 잘 감당하고 있으니 감사할 따름이다.

이렇게 도전하는 사람이 얻는 성취감을 동대문장애인복지관 오동통대학 참여자인 진태 씨도 경험했으면 좋겠다고 생각했다. 진태 씨는 초등학생 때 자전거를 타다가 교통사고를 당해서 뇌병변장애와 지적장애 중복 판정을 받았고 걷는 것이 조금 부자연스럽다. 그래서 걷다가 넘어지는 경우가 많았고 한 번 넘어지면 상처도 많이 생긴다. 그럼에도 불구하고 가능하면 그룹원들과 함께 다닐 수 있도록 외부 활동도 적극적으로 참여할 수 있도록 부모님께 요청을 드렸다. 처음에는 걷다가 넘어지는 두려움 때문에 외부 활동에는 잘 참여하지 않으려고 했지만, 시간이 지나면서 외부 활동도 적극적으로 잘 참여하게 되었다.

코로나가 극심했던 시기에는 그룹원 전체가 참여하지 못하고 두 개 조로 나누어 격일로 돌아가면서 나오는 날이 있었다. 그날 진태 씨에게 물었다. '혹시 산에 올라가 본 적이 있어요?' 진태 씨는 어릴때 교통사고를 당했기 때문에 산에는 올라가 본 적이 없다고 했다. '그러면 우리 배봉산에 한 번 올라가 볼까요?' 이 말에 진태 씨는 쉽게 결정을 못 내렸다. 사실 청계천을 걷는 것도 쉽지 않았기에 산을 오르는 것이 그에게는 큰 두려움으로 다가왔을 것이다. '선생님이 옆에서 도와줄 테니 한 번 가봐요.' 솔직히 진태 씨에게 배봉산에 올라가 보자고 말하기까지는 고민도 있었다. 왜냐하면 진태 씨는 90kg이 훨씬 넘는 큰 체격이었고 한 번 넘어지면 무릎에서 피가 날 정도여서 만에 하나 산에 오르다가 넘어지기라도 하면 부모님과 진태 씨에게 원망을 들을 수도 있겠다는 생각 때문이었다. 그렇지만 진태 씨가 지금까지 살아오면서 경험하지 못했던 성취감을 맛보게 해주고 싶었고, 어렵지만 도전하기로 했다.

그렇게 우리는 배봉산 둘레길을 한 걸음 한 걸음씩 나아갔다. 힘들 때마다 쉬었다가 다시 걷기를 반복했다. 그렇게 걷다가 정상 100미터 정도를 남겨두고 진태 씨는 양쪽 무릎을 바닥에 그대로 부딪치며 주저앉았다. 지칠 대로 지친 상태였다. 얼굴은 땀으로 범벅되어 있었다. 진태 씨가 주저앉아 있는 곳 바로 앞쪽에는 배봉산 정상 100미터를 알려주는 표지판이 보였다. 주저앉아 있는 진태 씨의 얼굴을 바라보며 선택권을 주었다. 여기에서 포기하고 돌아갈지, 다시 일어나서 정상까지 올라갈지 결정할 수 있는 사람은 오직 진태 씨 자신이라고 말해 주었다. 조금만 참고 힘을 낸다면 한 번도 올라가 보지 못한 정상을 밟아볼 수 있다고 자신감도 심어 주었다. 산 정상을 오르는 것보다 산 정상에 서 있는 진태 씨 자신을 바라볼 수 있기를 내심 바랐다. 포기하고 내려가는 대신에 진태 씨는 마지막 힘을 쏟기로 했다. 그곳에서 조금만 더 가면 되었기에, 마침내 배봉산 정상에 오를 수 있었다. 진태 씨는 그날 태어나서 처음으로 산 정상을 올랐다면서 기쁨을 감추지 못했다. 복지관에 복귀해서 부모님께 이 사실을 말씀드렸을 때 진태 씨가 배봉산 정상을 올랐다는 말이 믿기지 않는다고 하시면서 이런 귀한 경험을 할 수 있게 해주어 감사하다는 말을 여러 번 해주셨다.

비장애인에게는 108m의 배봉산 정상이 식은 죽 먹기라고 여겨질 수도 있겠지만 한쪽 다리가 불편한 뇌병변장애인 진태 씨에게는 에베레스트산을 오른 것만큼이나 값지고 가치 있는 일이었다. 태어나서 처음으로 올랐다는 배봉산 정상은 그의 한 걸음에서 시작된 것이다. 무엇보다 진태 씨가 걷다가 넘어지는 것에 대한 두려움을 극복해낸 것 같아서 감사하다.

인생에 있어서 도전이 주는 의미는 참으로 중요하다. 우리는 도전을 통해서 때로는 삶의 의미를 찾고 가치를 발견하기도 한다. 매일 매일의 삶이 우리 모두에게는 도전의 연속이다. 그리고 도전을 향한 포기하지 않는 마음도 매우 소중함을 진태 씨를 통해 배울 수 있었다.

오늘의 나로 있게 해준 사람

지금까지 살아오면서 나는 과연 얼마나 많은 사람을 만났을까? 스마트폰에 저장된 사람 수를 헤아려보니 결코 적은 수는 아니다. 그동안 일일이 헤아려보지 않았으니 사실 이렇게 많이 저장되어 있으리라고는 생각지도 못했다. 그 많은 사람 중에 수십 년의 세월이 흘러도 여전히 소식을 주고받는 분들은 나에게 매우 소중한 사람들이다. 지난달 스승의 날 하루 전에는 퇴근길에 중학교 3학년 담임선생님과 고등학교 1학년 때 국어를 가르쳐주셨던 선생님 두 분의 은사님께 전화를 드렸다. 멀리서 들려오는 선생님의 목소리에는 예전과 다름없이 쩌렁쩌렁하게 힘이 느껴졌다. 변함없이 반갑게 전화를 받아주셔서 한참 동안 대화를 나누면서 짧게나마 지난날의 추억을 떠올리며 시간을 보낼 수 있었다. 한 분은 1년, 다른 한 분은 비록 두 달이라는 짧은 만남의 시간이었지만 그때의 소중했던 만남의 인연이 오늘까지 평생을 이어올 수 있어서 얼마나 감사한지 모른다. 만남의 시간이 길어질수록 그것의 가치는 더욱 깊어지는 것 같다.

　장애인복지관에서 일을 하게 되면서 많은 사람을 만났지만 유독 나의 마음 한쪽 편을 채우고 있는 사람이 있다. 진수 씨와의 만남은 2018년 3월로 거슬러 올라간다. 오동통대학이 시작된 2018년부터 만났으니 결코 짧지 않은 시간이다. 어느새 6년이 흘렀다. 복지관에 오는 날에는 여지없이 그의 손에는 하얀 투명 비닐봉지가 쥐어져 있다. 다른 누군가가 봤을 때 그것은 마치 잡동사니의 하나로 가볍게 보일지도 모른다. 처음에는 나 역시 그렇게 생각했기 때문이다. 하지만 그것은 진수 씨에게 있어서는 특별한 물건일 수도 있다는 것을 그와 함께 지내며 알게 되었다. 그에게는 마음의 위안이나 안정을 주는 물건이었고, 그것이 없으면 쉽게 불안에 휩싸였다.

　20대 중반이 되어가는 진수 씨는 만화영화와 노래방 그리고 로봇 장난감을 특히 좋아한다. 그리고 그가 가장 좋아하는 색깔은 빨강이다. 글씨를 쓸 때나 그림을 그릴 때는 모든 것이 빨강이다. 진수 씨가 주로 좋아하는 노래는 대부분이 만화영화 주제가이고 그중에서 '쾌걸근육맨' 주제가인 '질풍가도'는 그의 애창곡이다. 감정이 상해 있거나 마음이 불안할 때 이 노래를 들어주면 마치 철 가루가 자석으로 빨려가듯 자동으로 몸이 반응하기 시작했다. 노래 리듬에 맞춰 진수 씨의 몸은 쾌걸근육맨의 주인공처럼 팔뚝에 힘이 들어간다. 그의 양발은 제자리에서 힘차게 달리기를 하고, 양팔을 위아래로 흔들어 온몸이 리듬을 타면서 흥에 겨워 춤을 춘다. 그 순간의 진수 씨는 세상에서 가장 행복한 주인공이 된다.

그런 진수 씨에게 미안한 마음이 있다. 어느 날 오동통대학 외부 활동 프로그램으로 영화를 보러 간 적이 있다. 그룹원이 함께 가는 것이어서 사전에 보고 싶은 영화를 먼저 선택한 후에 관람할 영화를 결정하기로 했다. 그런데 진수 씨를 포함하여 참여자들 모두 각자 보고 싶어 하는 영화 취향이 다 달랐다. 그래서 투표로 다수가 원하는 것을 최종적으로 결정하여 보기로 했는데 결국에는 진수 씨가 원했던 만화영화가 아니라 다른 참여자들이 희망한 액션영화가 결정되었다. 처음에는 영화 내용과 상관없이 영화관에 간 것만으로도 모두 좋아하는 표정이었다. 그런데 다른 참여자들과 함께 영화를 관람하고 있던 진수 씨가 갑자기 소리 없이 울고 있었다. 무슨 일이지? 순간 당황한 나는 진수 씨의 어깨를 토닥이며 울음을 달래주었다. 그리고 그의 마음이 안정될 수 있도록 최선을 다했다. 사실 진수 씨는 의사소통에 다소 어려운 부분이 있었다. 나중에 알게 된 사실이었는데 액션영화처럼 조금 무서운 내용이 들어가 있는 부분은 힘들어한다는 것이었다. 그날 영화를 보고 있던 그 순간에 너무 긴장한 나머지 진수 씨는 바지에 소변 실수까지 했다. 프로그램에 참여하는 한 사람 한 사람에 대하여 제대로 파악하지 못한 나의 잘못으로 인해 진수 씨를 힘들게 했다는 자괴감이 들기도 했다. 그날 이후로 외부 활동을 나갈 때는 진수 씨를 위해 꼭 여벌의 옷을 챙기게 되었다. 그때는 사실 장애인 참여자들과 처음으로 프로그램을 진행하게 되었고 성인 발달장애인을 어떻게 대해야 하는지도 잘 모르는 사회복지 초년생이었기에 모르는 것이 너무나 많았다. 그런 의미에서 진수 씨를 포함하여 오동통대학에 참여하는 성인 발달장애인들과의 만남은 나를 한 단계 성장시켜나가는 밑거름이 되었다.

    오동통대학이 시작되고 첫해 봄에는 강원도 춘천으로, 2년

차 가을에는 제주도로 캠핑을 가게 되었다. 제주도 캠핑을 준비하면서 참여자들이 비행기와 배를 타야 하는 것에 대한 걱정이 있었다. 이미 경험이 있는 사람도 있었지만, 진수 씨처럼 아직 한 번도 비행기와 배를 경험해보지 못한 사람도 있었기 때문이다. 공항에 도착하여 비행기에 탑승하기 전까지 진수 씨는 마치 세상에 가장 밝은 사람의 표정을 간직하고 있는 모습이었다. 그런데 비행기에 탑승하고 자리에 앉아서 대기하고 있던 진수 씨의 표정이 조금씩 굳어가고 있는 것을 느꼈다. 그의 표정에서 '선생님, 저 지금 많이 힘들어요'라는 말을 읽을 수 있었다. 그래서 옆에 앉아 있는 진수 씨의 두 손을 꼭 붙잡아주면서 '선생님이 옆에 있으니까 조금도 걱정하지 않아도 돼요'라고 하면서 마음을 안정시켜 주었다. 시간이 지나 비행기가 이륙하기 전까지 활주로를 달리면서 동체가 조금씩 흔들리는 동안 진수 씨는 조금 전보다 더 많이 긴장하는 모습이었다. 하지만 비행기가 이륙한 순간부터는 조금씩 안정을 찾기 시작했고, 그 이후부터는 마치 아무 일도 없었다는 듯 나를 넌지시 바라보면서 웃음 짓고 있었다. 그의 웃는 모습은 언제 보아도 보는 사람의 마음을 밝게 해준다. 제주도 도착 이후에는 유람선을 타는 기회도 있었는데 그것 또한 진수 씨는 처음 겪는 일이어서 배가 흔들릴 때는 다소 긴장을 했다. 이것 역시 금방 적응하는 모습을 보면서 제주도에서의 캠핑이 진수 씨뿐만 아니라 참여하는 모든 이들에게는 특별한 경험이 되었다고 생각한다.

그날 이후 오동통대학 프로그램을 진행하면서 진수 씨에게 하고 싶은 것, 가고 싶은 곳을 물으면 들려오는 대답은 여지없이 항상 똑같았다. '제주도 캠핑!' 몇 년이 흘렀어도 그에게 질문하는 모든 것의 대답은 한결같이 '제주도 캠핑'이었다.

아마도 오동통대학의 제주도 캠핑은 진수 씨에게 최고의 선물이 되었던 것 같다. 한 사람의 마음에 좋은 기억으로 오래도록 남길 수 있는 그 무언가를 남겨줄 수 있어서 감사하다.

코로나19가 한창이었던 2020년 오동통대학 참여자들이 복지관에 나올 수 없는 상황이 되었을 때 기획 프로그램으로 '코로나19대응 찾아가는 개인 맞춤 신체활동 지원'을 진행했다. 평소에는 그룹으로만 지원하다가 개별로 지원하면서 참여자 한 명 한 명에 대하여 많은 것들을 보다 더 구체적으로 알아갈 수 있는 귀중한 시간이었다. 담당자를 포함하여 사회복지사 두 명이 요일별로 돌아가면서 참여자들의 가정방문을 했다. 사전에 녹화하여 밴드에 올려놓은 학습 영상을 보면서 가정에서 보호자와 함께 학습할 수 있는 자료를 참여자들에게 전달하고 각자 거주하고 있는 주변 공원이나 하천 등으로 이동하여 신체활동 증진을 위해 걷기, 축구, 배드민턴 같은 구기 종목 등 참여자들이 좋아하는 운동을 지원했다. 코로나는 장애인뿐만 아니라 많은 사람을 무척 힘들게 했다. 특히 사람들을 만나지 못하고 가정에서만 지내야 하는 성인 발달장애인들에게는 더욱더 힘든 시간이었다. 그래서인지 복지관에서 가정을 방문하는 그날을 참여자들은 손꼽아 기다렸다. 사회복지사와 함께 밖으로 나가 운동하면서 보내는 그 시간을 매우 행복해했다. 진수 씨도 예외는 아니었다. 그의 집에서 공원으로 가기 위해서는 오르막이 있는 많은 계단을 올라가야 했다. 그날도 함께 걸어가다가 힘이 들었는지 중간 정도 올라갔을 때 갑자기 바닥에 철퍼덕하고 앉았다. 앉아 있는 진수 씨를 보면서 핸드폰을 꺼내 카메라로 사진을 찍었다. 조금 전까지만 해도 힘들어 지쳐있던 그의 표정은 온데간데없고 바로 스마일맨으로 변신해서 다양한 포즈를 취하기 시작했다. 그는 사진에 찍히는 것을 매우 좋아하는 사람이었다. 지금까지 내가 사진을 찍은 수많은 사람 중에 진수 씨는 내가 말하지 않아도 스스로 알아서 먼저 포즈와 표정을 가장 잘 지어 주었다. 운동 지원을 마친 후 진수 씨를 집으로 데려다주었다. 어머니에게 운동하면서 보낸 시간 동안 있었던 내용을 전달하고 작별 인사를 한 후 차를 몰고 골목길을 빠져나와 복지관으로 출발하려고 하는데 언제 왔는지 백미러 뒤로 진수 씨가 다가와 서 있었다. 동료 사회복지사가 차에서 내려 진수 씨에게 다시 인사를 하고 차에 타려고 하는데 갑자기 동료 사회복지사의 품에 와락 안기는 것이었다. 그 모습이 마치 아빠 코알라 품에 안겨있는 아기 코알라처럼 귀엽고 사랑스러워 보였다. 사람이 얼마나 그리웠던 것일까? 그의 그런 마음을 순간이나마 조금 헤아릴 수 있어서 감사한 마음을 간직하고 복지관으로 복귀했다.

    진수 씨는 오동통대학은 이미 졸업하였어도 지금도 여전히 다른 성인 프로그램에 참여하며 우리의 만남은 지금도 계속 진행 중이다. 어떤 날은 웃음 지으며 바라보다가도 또 어떤 날에는 화가 난 듯 심각한 표정으로 쳐다보고 있는 그의 표정 속에서 나는 오늘도 진수 씨와 함께 보냈던 지난날의 시간을 떠올리며 행복한 미소를 짓는다. 진수 씨를 포함하여 오동통대학에서 함께 했던 그들 덕분에 오늘도 나는 그때보다는 좀 더 나은 사회복지사로 조금씩 조금씩 성장해가고 있다.

언제나 소외되고
고통받는 사람들의 편에 서다

「사회복지사 선서문」

나는 모든 사람들이 인간다운 삶을 누릴 수 있도록
인간 존엄성과 사회정의의 신념을 바탕으로
개인·가족·집단·조직·지역사회 전체 사회와 함께 한다.

나는 언제나 소외되고 고통받는 사람들의 편에 서서,
저들의 인권과 권익을 지키며,

사회의 불의와 부정을 거부하고,
개인이익보다 공공이익을 앞세운다.

나는 사회복지사 윤리강령을 준수함으로써,
도덕성과 책임성을 갖춘 사회복지사로 헌신한다.

나는 나의 자유의지에 따라 명예를 걸고
이를 엄숙하게 선서합니다.

장애인복지관에 입사하여 근무한 지 8년하고 5개월이 지나가고 있다. 이 중에 7년을 성인 발달장애인들과 함께 보내고 있다. 의사소통도 쉽지 않았고, 각자 다른 저마다의 다양한 특성을 가진 장애인들과 함께한다는 것은 결코 쉬운 일은 아니었다. 처음에는 잘해야겠다는 마음도 물론 있었지만, 모든 것이 낯설고 하루하루가 두려운 마음이 더 컸다. 그리고 내 자신과 약속을 하나 했다. 어떤 일이 있어도 이들과 함께 끝까지 가서 모두를 졸업시키겠다고. 결국에는 그 약속을 지킬 수 있었다. 그것은 전적으로 오동통대학 1기 참여자들 덕분이다.

우리는 살아가면서 수많은 다양한 뉴스를 접하면서 살아

가고 있다. 그리고 나는 절대로 그런 일을 겪지 않을 것이라고 생각한다. 그런데 어느 순간부터 나에게는 결코 일어나리라고는 예상하지 못했던 그런 일들이 하나둘씩 생겨나고 있었다.

장애인복지관에 근무하고 있는 사회복지사 중에는 유독 가족 중에 장애가 있는 직원들이 의외로 많다. 사실 이 글을 쓰고 있는 나에게도 장애인 가족이 있다. 수 해 전에 말기 암 판정을 받고 치료받는 것을 거부했다가 가족의 간곡한 부탁으로 항암치료 등 지속적인 치료를 잘 이겨내어 결국에는 지금까지 건강하게 잘 살아가고 있는 작은형도 암 투병 후 장애 판정을 받고 장애인으로 살아가고 있다.

장애인복지관에서 일을 하기 전까지는 비장애인 청소년들이 이용하는 청소년시설에서 오랜 기간 직장생활을 했었다. 그 당시에는 장애인에 대한 생각이나 인식은 거의 없었다. 그런데 장애인과 관련된 일을 하면서, 또 장애인 가족을 생각하다 보니 내가 사회복지사로서 어떤 삶을 살아갈지 생각은 계속해서 하게 되는 것 같다. 어떻게 하면 내가 맡고 있는 장애인들이 지금보다 좀 더 나은, 그리고 더 행복한 마음을 가지고 살아갈 수 있을 것인가에 대한 고민을 늘 하면서 일하게 된다. 장애에는 총 15가지 유형[1]이 있다. 오동통대학 1기 참여자들과 함께했을 때는 발달장애에 대하여 좀 더 알아가고 배우는 시간이었다면, 작년부터 진행하고 있는 성인 및 장년과 노년의 프로그램을 통해서는 특히 지체와 뇌병변, 청각, 정신장애 등에 대하여 더 많이 배우고 알아서 프로그램을 진행해야겠다는 마음가짐으로 주어진 일을 감당하고 있다. 누군가에 대하여 직접 겪어보지 않고서 그 사람을 잘 이해할 수 있다고, 다 안다는 것은 거짓말이다. 왜냐하면 실제와 이해에는 생각하지 못하는 큰 차이가 있기 때문이다.

'우리 아이가 달라졌어요' TV 프로그램을 보면 어려운 행동을 보이는 아이들을 대상으로 심리상담사, 교육 전문가가 개입하여 다양한 방법으로 아이의 행동을 분석하고 개선 방법을 제시해주어 변화를 유도하는 것을 볼 수 있다. 여기에는 환경의 변화도 필요하고 부모에 대한 교육도 요구되며, 아이의 혼란스러움을 예방하고 바람직한 행동이 학습될 수 있도록 일관된 훈육과 함께 칭찬과 보상을 통해 긍정적 행동이 반복될 수 있도록 돕는다. 이러한 모든 것이 적절하게 잘 이루어질 때 아이의 어려운 행동은 사라지고 긍정적으로 변화하게 된다. 그렇다고 모든 아이가 다 달라지는 것은 아니다.

비록 모든 장애인은 아니지만 성인 발달장애인, 지체장애인들과 프로그램을 진행하면서 극소수이지만 나와 함께 한 사람들의 변화를 지켜볼 수 있는 기쁨이 있었다.

    그들의 변화되는 모습은 나의 마음을 참으로 기쁘게 했고 내가 몸담은 이 일에 큰 보람을 갖게 했다. 한 예로 작년부터 장년기의 거의 모든 프로그램에 참여하고 있는 윤석 씨는 해당 프로그램을 시작할 당시에는 표현도 거의 없고 다른 참여자들과 어울리는 것도 쉽지 않았는데 지금은 말은 하지 않지만, 몸으로 행동으로 적극적으로 표현하려고 하는 모습을 많이 보게 된다. 그리고 다른 참여자들과도 잘 어울리려고 노력하고 있는 모습도 보여준다. 이러한 변화를 통해, 변화는 한 순간에 이루어지는 것이 아니라 많은 노력과 오랜 시간을 통해 서서히 나타난다는 것을 알게 되었다. 지금도 맡고 있는 모든 프로그램에서 최선을 다하려고 노력하고 있다. 또한 변화를 이루기 위해서는 사회복지사 한 사람만의 노력으로는 부족하다. 프로그램을 진행하는 담당자를 포함하여 팀의 모든 사회복지사가 함께 장애인에 대하여 지속적으로 관심을 가지고 지켜보는 것이 중요하다. 나아가 올바른 정보공유와 지원 등으로 부단한 노력을 기울여야 한다. 이와 같은 팀워크와 협력이 뒷받침될 때 장애인의 긍정적 변화를 조금이나마 기대할 수 있다.

    하루를 시작하면서 사회복지사 선서문을 낭독함으로써 사

회복지사가 되었을 때의 첫 마음가짐을 잃지 않으려고 한다. 나의 도움을 필요로 하는 사람들의 편에서 도덕성과 책임성을 가지고 헌신하는 삶을 살겠노라고 다시 한번 다짐하며 하루를 마무리하는 시간을 가진다.

1) 신체적 장애-①지체장애 ②뇌병변장애 ③시각장애 ④청각장애 ⑤언어장애 ⑥안면장애 ⑦신장장애 ⑧심장장애 ⑨간장애 ⑩호흡기장애 ⑪장루·요루장애 ⑫뇌전증장애 / 정신적장애-⑬지적장애 ⑭자폐성장애 ⑮정신장애

작가의 말

장애인복지관에서 사회복지사로 일을 하는 동안 늘 나 자신에게 던져 보는 세 가지 질문이 있다. 러시아의 대문호 레프 니콜라예비치 톨스토이의 단편집 〈세 가지 질문〉에 나오는 바로 그 질문이다.

'첫째, 이 세상에서 가장 중요한 시간은 언제인가?

둘째, 이 세상에서 가장 중요한 사람은 누구인가?

셋째, 이 세상에서 가장 중요한 일은 무엇인가?'

이 세상에서 가장 중요한 시간은 바로 지금(현재) 이 순간이고, 가장 중요한 사람은 현재 내가 만나고 있는 장애인들이며, 가장 중요한 일은 지금 내 곁에 있는 장애인들을 위해 선(善)을 행하여 사회복지사로서의 역할을 잘 감당하는 일이다.

사회복지사로서 바로 지금 장애인을 위해 그들이 행복한 삶을 살아가도록 최선을 다해 지원할 때 장애인의 삶은 보다 더 가치 있고 행복한 삶이 될 것을 믿는다.

성인발달장애인을 위한 주간활동 프로그램을 처음 진행하면서 개개인 참여자마다의 특성을 바로 알지 못하고 이해하지 않고서는 그들에게 도움을 주기보다는 오히려 역효과를 가져올 수도 있음을 알게 되었다. 그래서 부족한 것은 배우고 장애인 당사자를 보다 더 잘 지원하기 위해서 노력하는 동안 나도 성장하게 되었음을 알 수 있었다. 대부분의 사람들은 나와 상관없는 일이라면 알려고도 하지 않는다. 그런데 적어도 장애인을 위한 현장에서 일하고 있는 우리는 그들의 소리에 귀를 기울여야 하고 필요하다면 함께 행동할 수 있는 마음의 준비도 갖추어야 한다. 현장에서 보고, 듣고, 경험한 것들을 글로 피력하는 것이 쉬운 일은 아니었다. 그럼에도 불구하고 장애인을 위해 일을 해오는 동안 부족함이 많은 사회복지사였지만 그들로 인해 나 역시 행복한 삶을 살아가고 있다는 현실에 감사를 드리며 오늘도 삶의 현장에서 맡겨진 역할에 최선을 다하여 내가 만나는 모든 장애인이 행복한 삶을 살아가기를 꿈꾸어 본다.

최
민
아

작가소개

'삶을 여행하는 워킹맘'의 모습으로 살고 싶어 하지만 현실은 '워킹맘' 밖에 남아있지 않은 아태아쩡 엄마입니다. 업무에 치여 몸뚱아리는 여행을 떠나지 못했지만, 19년의 사회복지사로서의 발자취를 돌아보며 시간여행을 하는 동안 문득 '행복하다'라는 생각이 들었습니다.

오늘의 나와 내일의 나

저는 현재 장애인종합복지관에서 일하고 있는 지극히 평범한 사회복지사입니다.

사회복지사라는 직업을 꿈으로 정하게 된 것은 고등학교 시절 우연히 접하게 된 TV 교양 프로그램을 통해서였습니다. 브라운관 안에서는, 작은 섬마을에서 복지시설을 운영하는 한 수녀님의 일상이 그려지고 있었습니다. 평소 저는 '다른 사람들을 도우며 행복하게 살고 싶다'라는 생각을 종종 하고 있었는데, 사회복지사라는 직업이 그런 제 삶의 가치와 맞닿아 있다는 것을 알게 되었습니다. 그렇게 저는 대학을 사회복지학과로 진학했습니다.

부모님이 하시던 사업이 어려워지면서 학업과 함께 아르바이트를 병행했습니다. 열심히 살았고, 시간은 흘렀습니다. 적당한 성적으로 대학을 졸업하고 장애인종합복지관 상담팀에 입사하게 되었습니다.

그곳은 이제 막 개관한 복지관이었습니다. 서비스 이용신청 전화와 대면 상담이 끊이지 않는 곳이었습니다. 이용자가 어떤 서비스를 이용하고 싶은지 확인하고, 서비스를 신청한 순서에 따라 차례대로 초기상담을 진행해야 했습니다. 어떤 환경 속에서 생활하는지, 장애 정도는 어떠한지, 어떤 욕구가 있는지를 종합적으로 상담했습니다. 이 초기상담을 기준으로 언어진단, 교육진단, 의료 진단 등이 이루어지면 재활계획을 설정하게 됩니다. 그리고 단기적, 장기적인 목표를 각각 세우고 나면 서비스를 시작할 수 있었습니다. 이용자를 만나 초기상담지라는 정해진 양식의 질문을 하고 구체적으로 내용을 기록합니다. 행복보다는 고통이 더 많은 수십 명 삶의 이야기를 단기간에 집중적으로, 계속해서 듣는다는 것은, 절대로 쉬운 일이 아닙니다. 특히 장애인종합복지관을 찾아오는 사람들 대부분은 절실함을 가지고 있는 사람들이라, 내담자를 대하는 것에는 조심스러울 수밖에 없었습니다.

"거기 복지관이죠? 어떤 애 엄마가 2살, 3살쯤 되어 보이는 아이 둘을 데리고 공원에 나와 있는데요, 엄마 옷차림도 그렇고요, 날씨가 이렇게 추운데 애들을 잠바도 입히지 않았어요. 좀 이상해 보여요."

상담업무가 어느 정도 익숙해질 무렵 이런 내용의 전화를 받았습니다. 바로 공원에 나가봤지만 찾을 수 없었습니다. 조금 시간이 흐른 후에 전화로 전달받은 내용과 흡사한 인상착의를 한 엄마를 발견할 수 있었습니다.

그 엄마에게 말을 건네 보았습니다.

"안녕하세요. 이 근처 장애인복지관에서 나왔습니다."

엄마의 등에는 둘째 아이가 업혀있었습니다. 손을 잡은 첫째 아이는 점퍼를 입었으나 맨발에 슬리퍼 차림이었습니다. 두 아이는 까무잡잡한 피부에 살짝 곱슬인 밤색 머리카락을 가지고 있어서 귀여워 보였습니다. 아이 엄마의 경계하던 눈빛이 아직도 기억에 남아 있습니다. 복지관에 가서 이야기를 나누자고 권유해보았지만, "다 필요 없어요", "괜찮아요"라는 말만 더듬거리며 반복했습니다. 그래서 방법을 바꿔보았습니다.

"그러면 날도 추운데 아이들이랑 복지관에 가서 잠깐 쉬시고 간식 드시고 가세요."

부드러운 말로 설득하자 아이 엄마는 한참을 망설이다가 저를 따라나섰습니다.

상담실로 안내한 뒤 간식을 챙기러 사무실에 다녀왔는데, 상담실 문을 여는 순간 화들짝 놀라는 엄마의 모습을 보았습니다. 왜 그러실까? 하고 보니 상담실 수납장 안에 있던 사탕 봉지에서 사탕을 한 움큼 집어 점퍼 양옆 주머니에 가득 넣어 옷이 불룩 나와 있었습니다.

"이렇게 다른 사람의 물건을 함부로 가져가면 범죄예요. 다음부터는 절대로 그러지 마세요."하고 말하니 아이 엄마는 "나한테 왜 그래요!"라며 화를 버럭 냈습니다. 엄마의 모습을 지켜보던 둘째 딸이 찡찡거리다 울음을 터트렸습니다. 그러자 엄마는 자리에 앉은 채로 상의 옷을 훌렁 올려 아이에게 모유 수유를 시작했습니다. 속옷도 제대로 갖추어 입지 않은 모습과 젖을 물리지 않은 반대쪽 젖까지 훤히 드러낸 모습에 이제 갓 햇병아리 사회복지사가 된 24세 초보는 적잖이 놀라지 않을 수 없었지만, 태연한 듯 행동했습니다.

과거의 나는 왜 지금의 내가 되지 못했을까? 하는 마음에 참 아쉽습니다.

그리고 시간이 더 흐르면, 미래의 내가 지금의 나에게 후회가 된다고 말할 것 같습니다.

저는 왜 아이들이 보는 앞에서 그 엄마를 범죄자 취급했을까요? 사무실에 있던 직원에게 도움을 요청하여 아이들이 보지 않는 상황에서 잘 이야기할 수 있었을 텐데요.

저는 왜 사람들 앞에서 웃옷을 홀러덩 까고 거리낌 없이 모유 수유하는 모습을 보고 놀랐으면서 태연한 듯 행동했을까요? 차라리 놀라는 그대로를 엄마에게 보여줬어야 하지 않았을까요? 아이가 놀라서 울면 젖을 물리는 게 아니라 안아서 토닥여 줘야 한다고.

그런 후회로부터 시작한 여러 일들이 주마등처럼 스쳐 지나갑니다. 건강증진실을 이용하던 마음이 착하고 순수했던 한 남자의 고백을 장애인이기에 거절했고 그분의 진심을 그대로 들어주지 않은 것, 전문가로 보이고 싶어 정식으로 배우지 않았던 진단 검사 도구 내용을 참고하여 심리상담가인 척 진행을 한 것, 아이들과 엄마를 마음의 준비할 시간을 주지 않고 너무 빠르게 모자 입소 시설에 보낸 것, 진실을 말해야 할 때 선량한 거짓말쟁이가 되어 버린 것, 내가 경험한 삶의 기준으로 부족하고 잘못되었다고 생각하는 것들은 바꿔야 한다고 생각한 것, 함께하는 것보다 가르치는 것에, 과정보다 결과에 집중했던 것.

장애 자체보다 불평등한 삶이 더욱 힘든 장애인. 저는 이들의 삶을 좌지우지하는 존재가 아닌, 이분들의 삶에서 작고 포근한 기억의 한 조각으로 자연스럽게 남고 싶습니다.

오늘의 나는 장애인과의 만남을 갖습니다. 내일의 나는 비록 오늘의 모습이 후회스러울지라도 변하고 발전하며 살아 보겠습니다. 여러분의 옆에 있을 수 있어 행복합니다.

내가 선택한 안전한 도전

저는 새로운 것을 맞서서 시작할 때 이득이 되는 것보다 손해가 될 만한 요소가 너무 크다면 도전하지 않는 선택을 더 많이 하며 살아왔던 것 같아요. 그리고, 이런 삶의 방식은 아이 둘의 엄마가 되면서 더욱 강해진 것 같습니다. 지금 다니는 복지관은 2007년에 입사했습니다. 17년이라는 긴 세월을 근무하면서 여러 가지 고비가 있었고 이직을 생각해 본 적도 있습니다. 하지만 워킹맘 처지에서는 일하기 꽤 좋은 여건이었어요. 복지관 내에 있는 어린이집, 방과 후 돌봄 시설에 첫째와 둘째 아이를 보낼 수 있었기에 일하면서 아이를 키우는 안정적인 삶을 유지할 수 있다는 이유가 컸습니다. 하지만 이 이유보다 더 컸던 이직을 하지 않았던 이유는 처음 만난 장애 아이들이 이제는 성인이 되어 함께 웃고 성장했던 지난날의 추억을 나누며 현재를 마주하고 미래를 꿈꿀 수 있다는 것이 이 직장에 남을 충분한 이유가 되어주었습니다.

복지관에서 초등학교 5~6학년 때 처음 만났던 아이들이 이제는 20대 후반의 성인이 되었습니다. 성인이 된 뒤에도 일자리지원팀에서 진행하는 직업훈련이나 성인지원팀에서 진행하는 평생교육을 이용하는 분들도 있고 한 건물 내에 있는 보호작업장이나 주간보호센터를 이용하는 분들도 있습니다. 제가 만나왔던 아이들 중 '지훈이는 여전히 노란색 옷을 좋아할까?', 장우는 지금도 운동을 잘할까?' 하며 생각이 나는 분들이 있습니다. 오래된 흑백 영사기의 필름이 돌아가듯 지난날의 추억이 한 장 한 장 넘어갈 때 기억나는 한 사람 그 중 한 명 이영우 씨가 있습니다. 올해 저는 지역옹호팀장으로 발령을 받게 되었고 구에서 주관하는 규모가 있는 행사인 '발달장애인 권리 주장대회'를 우리 팀에서 맡아 진행하게 되었습니다. 발달장애인이 직접 연사로 나서서 대중 앞에서 발달장애인의 권리에 대한 이야기를 하는 행사인데, 발달장애인 강연자 접수 서류 중 이영우 님의 서류가 눈에 들어왔습니다.

이영우 님과의 인연은 2010년으로 거슬러 올라갑니다. 지금은 치료 바우처, 교육청 치료 지원사업과 사설 치료센터 등이 풍부하게 마련되어 있어서 복지관에서 진행하는 그룹 프로그램의 수요가 현저히 줄어들었지만, 그 당시에는 다양한 치료시설과 프로그램이 부족했기에 복지관에서 진행하는 아동·청소년 대상의 프로그램에 대한 욕구가 높았고 복지관을 이용하는 아동들이 많았습니다.

그 당시 제가 진행했던 사업 중에 대표적인 사업으로 지역사회 활동 지원이라는 사업이 있었습니다. 발달장애가 있는 초등학생 8명을 대상으로 대학생 자원봉사자와 2:1로 짝을 지어 지역사회에 있는 박물관, 도서관, 음식점, 공원 등 다양한 시설들을 견학하고 체험하는 프로그램으로 주 1회 진행이 되었지요. 방학이 되거나 토요일이 되면 물놀이나 일일 캠프 등 특별프로그램을 진행하기도 했습니다.

이 지역 사회 활동 지원 프로그램에 함께하였던 이영우 님과의 만남은 특별한 기억으로 각인되어 남아 있습니다. 초등학교 5학년이었던 이영우 님은 저에게 자동차에 관한 질문을 자주 하였습니다. "자동차 바퀴 냄새 맡아도 돼요? 안 돼요?" 그리곤 자주 혼자 중얼거렸습니다. "2호선. 상왕십리. 왕십리. 한양대. 뚝섬. 건대입구. 잠실. 강남." 예전 KBS 개그콘서트에 수다맨이 나와 지하철 노선을 외우곤 했는데 이영우 님은 수다맨이 외웠던 것보다 훨씬 잘 외우는 아이였습니다. 지하철을 이용하여 나갈 때면 경로를 따져볼 필요가 없었습니다. 이영우 님이 몇 정거장 후에 내리면 되는지 알려주었기 때문입니다. "이영우~ 알려줘서 고마워"라고 말하면 이영우 님은 앞니와 아랫니 모두 드러내어 한꺼번에 보여주며 입만 웃는 어색한 웃음을 보여주었는데 그 모습이 참 귀여웠습니다.

그리고, 이영우 님은 항상 에너지가 넘쳐 공원 같이 탁 트인 공간에 가면 혼자서 확 달려 나갔습니다. 50미터 정도 앞서 나가 있는 아이에게 "이영우~ 같이 가야지~"하고 소리쳐 부르면 후다닥 내게 달려와서 옆에 바짝 붙어 걸었습니다. 혼자 심심할 때면 수십 번 제자리 뛰기를 하여 콧잔등과 이마에는 항상 땀이 맺혀있었지요. "이영우~ 이제 그만 뛰어~"라고 말하면 얼굴을 가까이 들이밀어 나의 표정을 살피곤 했습니다.

초여름의 푸르름이 짙었던 어느 날 덕수궁으로 견학을 갔습니다. 이영우가 나무 그늘 벤치에 누워 하늘을 보며 쉬었던 적이 있습니다. 그리고 이 아이의 옆 벤치에는 한 시민이 앉아 책을 읽고 있었습니다. 이영우 님은 누워서 하늘을 보며 허공 위에 손가락으로 획획 저으며 그림을 그리다가 몸을 획 뒤집어 상체를 반 정도 의자에 걸친 상태로 땅바닥을 바라보는 것을 반복하였습니다. 이런 상황에서 어느 때는 "아이야~ 바르게 앉아야지"라며 훈계를 하는 아줌마를 만나기도 했고 또 어떤 날에는 이영우를 힐끗보고 자리를 피하는 모습도 볼 수 있었습니다. 그런데 그날은 이영우의 옆에서 "안녕"하고 인사를 건넨 후 옅은 미소를 보여주시곤 또 다시 바로 책을 읽기 시작하였습니다. 이 모습은 마치 장애인과 비장애인이 서로를 의식하지 않고 각자의 삶을 즐기는 모습으로 느껴져 제가 꿈꿔왔던 이상적인 세계가 순간 눈앞에 펼쳐지는 것 같았습니다. 저는 서류에서 이영우 님의 이름만 보았는데도 함께 지하철을 탔던, 덕수궁에서의 그림 같았던 추억이 스쳐 지나갔고 함께 이 행사를 하게 된다는 생각에 마음이 두근거렸습니다.

안녕하세요. 저는 서른 살 이영우입니다. 저는 서울숲을 산책하며 주변을 뛰어다니고 사람들과 인사하는 것을 좋아합니다. 제가 사람들과 인사를 하면 반갑게 인사를 받아주는 분도 있지만 대부분의 사람은 저를 피합니다. 저는 사람들과 가깝게 지내고 싶습니다.

카페에 앉아 복숭아 아이스티를 마시며 지나가는 사람들을 관찰하고 카페 안 사람들이 마시는 음료는 무엇인지 궁금해합니다. 마트에 가면 어머니께서 내가 좋아하는 에이스 과자를 가끔 사주시는데 당장 뜯어서 먹어버리고 싶지만 계산하기 전까지 꾹 참습니다. 영화관에 가서 팝콘과 콜라를 마시는 것도 좋아합니다.

제가 좋아하는 것들을 하다 보면 기분이 좋아져 사람들 앞에 가서 박수를 치거나 큰소리를 내요. 그러면 사람들이 저를 쳐다보고 피합니다. 제가 이상해 보이겠지만 사람들이 좋아서 좋은 기분을 말하고 싶어서 이러니까 조금만 이해해 주세요.

원고를 받아보니 이영우 씨는 여전히 숲을 좋아하고, 뛰는 것도 좋아하고 카페에서 차 한 잔의 여유를 즐긴다는 것을 알 수 있었습니다. 그리고 이영우 씨가 사람들에게 반갑게 인사를 건넬 때 사람들이 피한다는 것도 느낄 수 있고 사람들과 친해지고 싶은 마음을 품고 있다는 것도 알 수 있었습니다. 천진난만하게 밝기만 했던 이영우 씨가 이제는 자기 행동에 대해서 사람들이 불편해하고 피한다는 것을 느낄 수 있고 미안하다는 사과도 할 수 있는 성인이 되었다는 것을 알 수 있었습니다.

행사 날 리허설 시간에 저를 발견한 이영우 씨는 "최. 민. 아. 선. 생. 님."하고 저의 이름을 부르며 손을 들어 하이 파이브를 청하는 한층 의젓해진 모습에 대견하다는 생각에 살짝 울컥해진 마음으로 그 손바닥을 마주치며 파이팅을 외치고 웃었습니다. 이영우 씨의 글처럼 장애인을 바라보는 비장애인의 행동을 보면 많은 수는 그저 '피해버림'을 선택하는 것 같습니다. 혹은 점점 각박해지는 세상 속에서 자신의 삶 이외에는 관심을 가질 여력조차 없는 사람들의 '무관심'의 대상이 되어가고 있는 것 같습니다.

이제 우리는 어쩌면 건강한 참견이 필요한 시대에 살고 있습니다. 자신의 생각을 말과 글로 표현하는 데 어려움이 있는 발달장애인이 무슨 연사로 앞에 나서서 말을 할 수 있느냐? 라며 이 행사를 반대하는 사람들도 있었습니다. 하지만 저와 동료들은 그리고 연사로 신청했던 기관의 담당자들은 그들이 할 수 있으리라 믿었고 이 믿음으로 도전을 했습니다. 그리고 11명의 연사는 아주 훌륭하게 연설을 했고, 나의 안전한 도전은 역시 실패하지 않았습니다.

무언가 거창한, 큰 도전만 도전이 아니라고 생각합니다. 작지만 소소한 도전, 안전한 도전들이 멈추지 않고 이어진다면 이게 모이고 모여 큰 도전의 성과보다 더 커질 수도 있다고 생각합니다.

작은 도전이 계속되면 사람들이 생각하는 발달장애인에 대한 편견도 사라질 것입니다. 저는 이번 발달장애 자기주장 권리대회와 같이 발달장애인의 목소리를 세상에 알려 나가는 안전한 도전을 계속해 나가겠습니다. 그리고 이 도전을 성공시킬 여러분의 곁에 오래오래 남을 것입니다.

손톱만큼이라고 할지라도

 문득 이런 생각이 들었다. 장애 자녀를 둔 부모의 삶을 내가 다 이해할 수 있을까? 다 이해할 수 있다고 말한다면 그건 거짓말이다. 아마도 내가 정년퇴직 할 때까지도 혹은 생을 마감할 때까지도 모를 일이라고 장담한다. 모르기 때문에, 어떻게 펼쳐질지 모르는 길을 겸손한 전문가로 함께 걸어가야 한다는 것을 현장에서 일하며 십수 년이 흘러서야 알게 되었다.

 장애 자녀를 둔 부모처럼 나도 엄마다. 나는 첫째 아이를 낳고 나서 산후조리를 제대로 하지 못했다. 그 이유는 아들이 생후 21일째 되던 날 모세기관지염으로 병원에 입원했기 때문이다. 그 입원으로 아이가 기관지 천식이나 알러지 등 약한 체질일 수 있다는 것을 알았다. 이후 100일 남짓 되었을 때부터 아들의 두피 상태가 이상해졌다. 두피의 모양이 물이 말라버린 사막처럼 쩍쩍 갈라져 큼지막한 딱지가 앉았다. 하는 수 없이 머리를 박박 밀었다. 인터넷 검색을 해보니 오일마사지를 해서 두피에 달라붙은 각질을 살살 떼어내라는 조언이 가득했다. 이런저런 방법을 시도 해봤으나 성에 차지 않아 동네에서 나름 큰 대학병원 소아과에 가보았다. 의사는 백일쯤 이렇게 피부가 벗겨지는 아이들이 많다고 이야기했다. 아토피성 피부염으로 발전하는 아이들이 어릴 때 이런 피부염을 보이기도 하는데 그건 지켜봐야 한다고 이야기했다.

 백일이 지나고 6개월이 지나면서 아들의 피부는 건조해졌고 오돌토돌한 부분이 늘어났다. 10개월이 되면서부터는 양쪽 볼이 벗겨졌다. 그렇게 벗겨진 피부에 피가 줄줄 흘렀다. 그 피부에 딱지가 앉으면 아들은 가려워서 긁었고 긁은 자리는 점점 더 커졌다. 그렇게 양쪽 볼과 팔다리 겹친 부분이 모두 벗겨진 상태로 아파했던 아들이 어느덧 돌이 되어 가까운 직계가족만 모여서 돌잔치를 했다.

지인들에게는 아이가 기관지염과 피부가 예민하고 태열이 있어 많은 사람을 만나면 피부 트러블이 심해질 수 있어서 가족들만 모시고 돌잔치를 하게 됐다고 둘러댔다. 글을 쓰며 처음으로 솔직하게 그때의 내 마음을 꺼내본다. 건강하게 아이를 낳지 못했다는 죄책감이 컸다. 그리고 피부가 다 벗겨진 양쪽 볼이 훤히 드러나는 아이의 얼굴을 사람들 앞에 보여줄 자신이 없었다.

이런 죄책감은 나 혼자 만들어 낸 것이 아니었다. 아이와 외출을 해서 지하철을 타면 아이 얼굴이 왜 그렇게 되었냐고 어르신들이 쉽게 참견하곤 했다. "애가 아토피인가봐요?", "엄마가 인스턴트 음식을 많이 먹었나봐요?"라며 상대방은 대수롭지 않게 툭툭 던지는 말들을 여러 번 들으니 자연스럽게 죄책감이 쌓였다.

아토피 관련 온갖 책을 구입해 읽어 보기도 했고, 머리에 잘 들어오지도 않는 전문가들의 논문을 찾아보며 아토피를 고치기 위해 온갖 노력을 기울여 봤지만 결국에는 실패하게 되었다. 이렇게 엄마의 삶을 기어이 탈진시킨 후, 무엇인가를 더 해볼 기력도 남아있지 않게 되었을 때 아이의 아토피가 나의 잘못이 아니라는 점을 인지할 수 있었고, 아토피 자체를 마음으로 받아들이고 나서야 길고 길었던 죄책감에서 어느 정도 벗어날 수 있었다.

장애인복지 현장에서 일을 하며 장애 자녀를 둔 부모님의 심정을 조금은 이해하면서 일하고 있다고 자부해 왔는데 이건 엄청난 오산이었다. 직접 경험해 보지 않으면 감수성이 늘 수 없고 감수성이 늘지 않으면 경험할 수 없다는 말을 누군가 했다. 장애 자녀를 둔 부모님이 내 글을 읽는다면 "니가 뭘 알아?"라며 말할 수도 있겠다. "네가 겪은 일을 나와 비교한다면 넌 눈꼽만큼의 슬픔에 지나지 않아"라고 말할 수도 있겠다. 그렇지만 나는 그 눈꼽만큼이라 할지라도 첫째아이를 낳아 겪었던 경험을 통해 장애 자녀를 둔 부모 마음을 조금 더 가깝게 알아가게 되었다고 말하고 싶다.

이제는 12살이 넘은 큰아이의 아토피 피부염은 아직도 진행형이다. 어릴 때보다 나아졌지만 환절기가 되면 피부가 뒤집어진다. 한밤중 자신도 모르게 벅벅 긁고 자는 습관 때문에 자는 모습을 한 번씩 들춰보고 비몽사몽한 상태로 아이의 팔다리에 로션을 발라준다. 그렇게 나는 아이의 옆을 변함없이 지켜줄 것이다. 나는 엄마니까.

몇 년 전 나는 한 어머니를 만났다. "내게는 시간이 없어요. 우리 아이가 고등학교를 졸업하면 낮 동안에 갈 데가 없어요.

내가 아이를 다시 돌봐야 해요. 그래서 지금 시간이 있을 때 공부도 마쳐야 하고요"하고 웃으면서 나에게 이야기했다. 나에게는 그 웃음이 너무나도 슬펐다. 나의 마음을 후벼팠다. 공부를 열심히 하는 긍정적인 엄마였다. 내 자녀가 살고 있는 환경을 다 바꿀 순 없어도 내 자녀가 만날 수도 있는 친구들, 선생님 그 외 많은 사람이 장애를 바라보는 인식이 조금은 긍정적인 모습으로 변화하길 바라는 엄마였다.

선생님이 꿈이었던 장애 자녀의 엄마는 장애가 있는 아이를 품기 위해 꿈을 버렸다. 그 엄마의 장애에 대한 생각과 평소 품고 있었던 그리고 꿈꿨던 삶을 이룰 수 있도록 나는 돕고 싶었고 그 엄마가 강사 활동을 할 수 있게 돕는 것으로 나의 정성을 표현했다. 내가 하는 선생님의 강의 활동에 대한 피드백이 도움이 될 것이라고 확신했지만 강의방식을 개선하자고 하는 내 이야기를 받아들이기 힘들어했고 장애 자녀의 엄마가 소통이 안 된 것 같다고 표현했다.

이 일을 계기로 장애 자녀의 엄마에게 진심으로 대했던 나의 노력을 이해받지 못한 부분에 나는 그 엄마에게 '배신감'이라는 감정을 제대로 느꼈다. 아마도 그 엄마가 잘 되기를 바랐던 만큼 그 엄마를 도왔던 순수한 내 마음과 노력만큼 되돌려

받지 못했다는 생각 때문에 더 크게 느꼈던 실망감을 격하게 표현한다면 서운함을 넘어선 배신감이었다.

나는 그 엄마가 강사 활동을 하며 '와~ 대단하다!', '와~ 멋진 분이다!' 이런 말을 듣게 하고 싶었다. 어떻게 해서든 더 좋은 강의로 장애인을 장애인이라고 낙인찍지 않는 문화를 만드는 변화를 이끌어내고 싶었다. 그래서 더 정성을 들이고 싶었고 더 절실한 마음이었지만, 이 마음이 잘 전달되지 않은 것 같다. 시간이 좀 흘러서 그때의 일들을 곱씹어 보니 이제는 내가 부족했던 점이 있었겠다는 생각이 든다.

여전히 나는 많은 장애 자녀의 부모님들을 만나고 있다. 장애 자녀 부모님의 입에서 "우리 아이가 잘했네요. 감사합니다"라는 말보다 "죄송합니다"라는 말이 익숙하게 내뱉고 살아야 하는 삶이란 것을 알고 있다. 또 다른 장애 자녀의 부모님들은 "우리 아이는 집에서는 안 그러는 데 왜 그럴까요?"라는 말로 외면을 하고 싶은 부분이 있다는 것도 알고 있다. 그 깊이는 다를지라도 장애인복지에 종사하며 장애인을 돌보는 일을 하는 많은 사회복지사도 장애 자녀의 부모님처럼 그 어려움과 고통을 이해하고 있다. 그리고 함께 짊어지고 싶어 한다는 점을 말하고 싶다. 수많은 딱지가 마음에 앉았다고 그건 훈장 같은 거라고 수많은 실패를 함께 겪으며 또다시 함께 일어날 것이라고 그리고 어머님이 행복해지는 길이 바로 자녀가 행복해지는 길이라고 언제나 응원하고 있다고. 그러니 믿고 기대 보시라는 말을 하고 싶다.

가식적인 일

얼마 전 아들이 나의 동료와의 만남에 대한 일을 웃으면서 이야기했다.

"엄마~ 어떤 선생님이 '오~ 태현이 너무 너무 잘 생겨졌네. 이제 중학생 같네~ 살이 완전히 빠졌어~ 말랐다 말랐어'라고 하시는 거야. 아우~ 장애인복지관 선생님들은 너무 부담스럽게 친절해. 이건 너무 가식적으로 친절해. 목소리는 왜 이렇게 높아? 과하다 과해. 장애인복지관에 오시는 분들은 부담스럽다고 안하셔?"

말하는 아들의 이야기를 듣고 그 선생님이 어떤 목소리로 어떤 이야기를 했는지 오디오로 들리는 것 같아 웃음이 빵 터졌다.

장애인복지관에서 20년 가까이 지내다 보니 이곳에서 일하는 직원들의 몇 가지 직업 특성이 있다는 것을 알게 됐다. 그중 첫 번째 특성은 긍정적인 상황에서 감정표현을 할 때 감정을 과하게(과한 것처럼 보이게) 표현한다는 것이다. 장애인 '종합' 복지관을 이용하는 사람들의 장애 유형은 아주 다양하지만 주로 지체, 뇌병변, 발달(지적, 자폐성)장애가 있는 분들이 다수이다. 이 중에서도 발달장애인 비율이 60% 정도로 정말 많은 수를 차지하고 있다. (이 수치는 최근 3년간 현 직장인 장애인복지관 이용자 만족도 조사를 근거로 이야기를 드리는 부분이고 다른 복지관들의 수치는 약간씩 다를 수 있음)

이용자의 많은 비율이 발달장애인인 만큼 이들과의 의사소통에 더 많은 정성을 기울일 필요가 있는데 그중에서도 '귀 기울임'과 '마음 헤아림'이 필요하다. 이 기울임과 헤아림으로 마주하는 발달장애인 분들을 대하다 보면 자연스럽게 이들의 생각이나 감정을 미루어 짐작해 알고자 하는 노력을 하게 되고, 이 노력을 하다 보면 이들의 목소리, 표정, 행동의 미묘한 차이를 민감하게 받아들일 수 있다.

10년 전 장애아동을 대상으로 미술치료, 음악치료, 치료레크레이션, 연극치료 등의 프로그램을 소그룹으로 진행한 적이 있다. 그 당시 미술치료에 참여하던 얼굴이 까무잡잡한 초등학교 4학년 아이는 "으으으"라는 소리로만 의사표현을 할 수 있었다. 프로그램을 진행하던 어떤 날 이 아이는 크레파스로 그리는 프로그램 시간에 순식간에 크레파스를 잘게 씹어 뱉어낸 뒤 책상에 손으로 문지르면서 가지고 놀아 나를 당황하게 했던 일이 있었다.

　아이와의 라포 형성을 위해 내 감정표현을 정확하게 하고자 노력했고 '기울임'과 '헤아림'으로 아이에 대해 더 알아가고자 노력했다. 그 결과 프로그램이 진행될수록 이 아이의 유일한 표현 언어인 "으으으"의 미묘한 차이를 알 수 있었고, 아이가 원하는 것이 무엇인지 소통이 되기 시작했다. 이렇게 소통이 되자 건강을 해칠 우려가 있던 색연필 씹는 행동은 현저히 줄어들었고, 이 아이를 통해 어떻게 발달장애인과 친구가 될 수 있는지를 배우게 되었다.

　이 정확하게 표현하고자 하는 나의 감정이 과한 것처럼 보일 수도 있었겠다는 생각이 이제야 드는 것 같다.

　두 번째 직업 특성은 부정적인 상황에서 감정표현을 할 때 빙빙 돌려서 표현하는 것이다. 첫 번째 직장에서 있던 일이었다. 내가 진행했던 초등학교 방과 후 프로그램에 키가 훤칠하게 크고 얼굴이 둥글고 미소가 순박한 초등학교 6학년 아이가 있었다. 내가 하는 모든 프로그램을 좋아했고 잘 따랐던 그 아이는 "네네! 좋아요!"라고 늘 이야기하던 매우 긍정적인 아이였는데, 이 아이는 언어표현력이 부족했고 발음이 어눌하여 주변 사람들이 이 아이의 말을 잘 알아듣지 못했다.

그런데 이 착하기만 했던 아이가 중학교에 올라가며 자신이 다른 아이들과 다르다는 것을 실감했거나 반 친구들에게 배제당함을 경험했던 것 같다. 어느 날 식당에서 요리 프로그램을 진행하던 중이었는데 TV를 보여달라고 졸라대기 시작했다. 프로그램 중이었으니 안 된다고 단호하게 이야기하고 있는데 순간 그 아이는 내 얼굴을 향해 리모콘을 던졌다. 순식간에 일어난 일이었고 내 얼굴에 피가 흐르는 것을 보고 아이는 놀라 그대로 얼음이 되었다.

부모님께 있는 그대로 바로 전달하는 게 옳은 방법임을 알지만, 그 아이가 어떤 성품인지, 그 부모님이 어떤 사람인지 나는 잘 알고 있었기에 사실 그대로 이야기하여 부모님에게 상처를 주고 싶지 않았다. 결국 부모님께는 에둘러 전달했는데, 무슨 일인지 그 아이가 이 일에 대해서 자기가 할 수 있는 방법을 총동원해 구체적으로 부모님께 전달 한 것 같다. 몇 주 정도 시간이 흐른 뒤 어머님을 만났을 때 어머님은 미안해하며 나의 손을 붙잡고 눈물을 흘리셨다. 내 얼굴에는 아직도 그때의 흉터가 그대로 남아 있다. 하지만 그 일 이후, 아이는 한 단계 더 성장할 수 있었고 그 모습을 볼 수 있었기 때문에 속상하지 않았다.

세 번째 직업 특성은 끈질김이다. 장애 인식개선 강사로 활동하며 나와 친하게 지낸 지 5년 정도 된 발달장애, 지체장애의 중복장애가 있는 성인 분이 있다. 이분이 처음 복지관에 왔을 때는 장애인차별에 대한 울분이 가득 차 있었다. 우울해하고 부정적인 감정표현이 많았던 이분은 강의 활동을 하면서 차츰 자신이 겪은 차별을 객관화하며 억울한 감정을 해소할 수 있게 되신 것 같다. 약 4년 차에 강의를 마치고 복지관으로 돌아가던 길에 덤덤한 말투로 이야기했다. "오늘 좀 괜찮았다."라고

얼마 전 이 강사님과 함께 강의 연습을 하던 중 핸드폰 통화를 잘못 눌렀고 내 이름이 "멀미나"로 저장된 것을 알았다. 내가 "제 이름이 멀미나에요?"라고 물으니 웃으면서 "나마스떼~ 아멘! 선생님은 말도 많고 포기를 모르잖아요. 이름도 '미나'이고"라고 대답했다. 이 말을 듣고는 웃음이 빵 터지며 "제가 그런 이미지에요?"라고 말했던 기억이 난다. 이분을 통해 나는 나와

함께 가는 이용자와 끝까지 함께 버텨보는 것을 인정받고 있구나. 포기하지 말아야겠다는 생각을 가지게 되었다. 이런 끈질김은 비단 나만 그러는 것이 아닌 장애인복지관에서 일하는 사회복지사라면 분명히 갖추고 있는 특성이라고 생각된다.

네 번째 직업 특성은 사교성이다. 인간의 존엄성과 행복에 대해 추구하는 이 직업은 사람에 대해 궁금해하는 것, 관심 가지는 것이 당연하다. 지역과 사람과의 관계를 자원이라는 매개체를 동원하여 서로 연결한다. 이를 위해 수많은 마을 주민, 후원자, 봉사자를 만나게 된다. 그리고, 순간순간 그분들에게 힘을 얻는다.

이렇게 사람을 만나다 보면 내성적인 사람도 어느 정도 외향적으로 바뀔 수밖에 없다. 나의 성격도 혼자 사색하기를 좋아하는 내성적인 성향이 강하지만, 사회생활 하는 나의 모습을 보면 개구쟁이 같다는, 장난꾸러기 같다는 말을 들어본 적도 있을 정도로 외향적인 성격이 많이 발달하게 됐다.

앞서 발달장애인과의 소통에는 기울임과 헤아림이 필요하다고 했다. 내가 장애인 분들을 만나오면서 배움과 힘을 얻었던 것처럼 비단 발달장애인이 아니더라도 사람 간 관계에서는 누구나 기울임과 헤아림이 필요하다. 장애인복지관에 오는 분들마다 자신의 있는 그대로의 정체성을 인정받기보다 장애를 먼저 보는 사회에 살아가며 상처가 있는 분들이 많다. 그래서 나는 그분들에게 전해지는 뉘앙스를 되도록 긍정적으로 표현해본다. 그리고 우리 사회의 장애에 관한 뉘앙스가 긍정적이길 바란다. 사람은 죽을 때까지 사람을 궁금해한다고 한다. 그리고 사람을 만나고 싶어 한다고 한다. 그 만남에 장애가 이유가 되어 벽을 세우지 않았으면 좋겠다.

지금의 나 자신을 보면 이런 네 가지 특성으로 무장한 한 명의 전사가 보이는 것 같기도 하다. 순전히 이 이야기는 나의 주관적인 주장이긴 해도 사회복지사가 되기 전 나의 모습을 떠올려 지금과 비교해 본다면 '참 많이 성장했구나' 하는 생각도 든다.

내가 사회복지사가 되지 않았다면 이런 '특성'의, '특색있는' 사람으로 살아갈 수 있었을까? 물론 또 다른 모습의 내가 되어 어딘가에서 잘 살았을지도 모르겠지만 이 특성을 가진 지금의 내가 될 수 있었다는 것에 보람을 느낀다.

인생을 되돌릴 수 있는 기회가 있다면 많은 것들을 바꿔보고 싶다. 그럼에도 바꾸고 싶지 않은 것은 바로 장애인복지관에서 일하는 사회복지사라는 직업이다. 아들이 나를 보고 "과하다 과해"라며 가식적이라고 놀릴 수 있겠지만 이 가식으로 인해 나는 또 다른 누군가에게 내 사랑과 정성을 표현할 수 있었고, 나로 인해 누군가가 즐거운 하루를 보낼 수 있었다면 그것보다 더 보람찬 하루가 또 있을까?

딸기가 좋아

 올해는 유난히 봄이 늦은 것 같아요. 벚꽃이 빨리 피었던 지난해와 다르게 올해는 꽃샘추위와 봄비가 길게 이어졌고, 그래서 봄이 늦게 찾아온 것 같아요. 나뭇가지에 움튼 새싹과 산수유 나무에 노랗게 여문 꽃을 보았습니다. 산수유꽃이 피고 나면 개나리와 진달래와 벚꽃이 연달아 피게 될 것이라는 생각의 끝자락에 문득 딸기가 떠올랐습니다. 저는 딸기를 매우 많이 좋아합니다. 저뿐만이 아닐 거예요. 사람들은 이맘때만 되면 생딸기는 물론이고, 딸기주스와 딸기 케이크를 찾게 되고 심지어는 딸기

향이 나는 생활용품도 많이 사용합니다. 왜 이렇게 딸기를 좋아하는 것일까요? 저도 딸기를 좋아하다 보니, 사람들이 딸기를 좋아하는 이유에 대하여 곰곰이 생각해 봅니다. 녹색의 별 모양 꼭지, 선명한 빨간빛을 지닌 탱탱한 딸기에 콕콕 귀엽게 박혀있는 씨. 그 모습이 보기만 해도 먹음직스럽기 때문이 아닐까요.

초등학생 시절. 집과 학교 사이를 오가던 등하굣길은 시작 지점부터 끝까지 직진만 하면 되는 아주 쉬운 코스였습니다. 초등학생의 걸음으로 약 20분 거리의 이 길은 작은 슈퍼를 지나고 문방구를 지나 공원까지 가로지르는 동안 이런저런 공상을 하는 나만의 시간을 만들어주었습니다. 항상 느긋하게 걷던 이 길은 봄만 되면 달리기경주를 하듯 쏜살같이 빠른 걸음을 하게 됩니다. 집에 가서 빨리 딸기를 먹기 위해서였습니다. 새 학기에는 "엄마, 학교 끝나고 집에 오면 딸기 먹을 거야."라는 말을 입에 달고 살았습니다. 후다닥 집에 달려와서 가방을 던지면 엄마가 식탁 위에 맛 좋은 딸기를 꺼내주셨습니다. 움푹 들어간 하얀 도자기 그릇에 꼭지가 깔끔하게 잘린 탱탱한 딸기가 한가득 들어있었던 기억이 아직도 선명합니다. 신나게 먹다가 배가 좀 차면 그때야 "엄마는 안 먹어?"라는 질문을 했습니다. 그러면 "엄마는 딸기 안 좋아해."라는 대답이 돌아왔습니다. 어린 마음에 이렇게 맛있는 딸기를 엄마는 왜 좋아하지 않는 거지? 하고 생각했습니다. "엄마는 단 음식을 좋아하지 않는구나." 하고 생각했습니다.

첫째와 둘째 아이를 낳고 키우면서 자식은 부모를 닮는다는 말을 증명이라도 하듯 두 아이도 딸기를 좋아했습니다. 말이 서툰 아기 때부터 "딴기 딴기 주세요" 하며 딸기 한 통을 쥐여줘도 금세 먹어 치워 두세 번을 가져다주는 것은 흔한 일이었습니다. 엄마가 했던 것처럼 나도 꼭지를 잘라 예쁜 그릇에 담고, 포크와 함께 주었습니다. 아이들이 한입에 딸기를 입에 넣지 못하면 과육이 입과 목에 줄줄 흘렀고, 그렇게 딸기 물이 든 옷을 빠느라 애를 먹었지만 먹는 모습만 봐도 배가 불렀습니다.

이제는 할머니가 된 엄마는 우리 집에 올 때마다 여전히 내가 좋아하는 딸기를 사다 놓습니다. 냉장고를 열어보면 사각형 밀폐용기에 꼭지를 가지런히 딴 딸기가 담겨 있습니다. 가끔 엄마가 우리 집에 와서 집안일을 도와주는 날에는 아이들의 초등학교 하원도 도와주시는데, 하루는 지쳐서 들어온 내게 딸기 한 접시를 꺼내주셨고 아이들은 서로 먹겠다고 달려들었습니다. 내가 "엄마는 딸기를 별로 안 좋아해. 아태, 쩡이 먹어" 하고 말하자마자 엄마는 "너네 아까 실컷 먹었잖아, 엄마도 내 딸이야.

엄마도 딸기 좋아해"라며 버럭 화를 냈습니다. 엄마가 그렇게 아이들에게 화를 낸 적을 본 적이 없던 저는 크게 당황했습니다. 이후에도 딸기는 아이들의 차지가 되었지만, 그런 일로 인해 엄마도 나에게 딸기를 양보해 주셨다는 것을 알게 되었습니다. 너무 긴 세월이 흘러서야 딸기에 관한 일들은 엄마의 사랑이었다는 것을 알게 되었던 것이지요.

딸기는 항상 먹음직스러웠습니다. 지금 아이들 키우면서 딸기를 싱싱하게 관리하는 것은 쉽지 않습니다. 어제 싱싱해서 사 온 딸기가 오늘 꺼내면 무르거나 곰팡이가 피어있기도 했습니다. 그 시절은 지금처럼 과일이 신선하게 유통되는 시절도 아니었을 텐데 엄마는 어떤 초능력이 있어 저에게 맛 좋고 싱싱한 딸기만 주었을까요? 정말 신기한 일입니다. 그 신기한 일 또한 엄마의 사랑이라고 생각합니다.

어릴 적 아빠는 엄마와는 다르게 무척이나 엄했고 다혈질적이었기 때문에 저는 정해진 규칙대로 많은 시간을 억눌려 살며 조용하게 학창 시절을 보냈습니다. 그러던 저에게 사춘기가 좀 늦게 찾아온 것 같습니다. 저의 사춘기는 첫 번째 직장인 장애인복지관에서 사회복지사로 일하면서 시작된 것 같습니다. 늘 소망했던 사회복지사라는 직업을 가지게 되었지만 지난 학창 시절의 억압된 삶과 함께 깔려있던 우울감이 이 시기에 발현이 되어버렸습니다. 제가 처음 담당했던 일은 초기상담 업무였습니다. 제가 입사했던 장애인복지관은 이제 막 개관하는 기관이었고, 그래서 서비스를 신청하는 이용자와 상담하는 일이 많았습니다. 발달이 늦은 아이들을 품에 안고 서비스 대기를 하기 위해 찾아온 장애아동의 부모님을 만나는 시간이 아주 많았습니다. 다양한 사정의 이야기를 들으며 저는 공감을 많이 느꼈지만, 이 감정을 밖으로 내색하지는 못했습니다. 부모님들의 슬픔에 공감하면 공감할수록 나의 내면에 있는 감정을 잘 컨트롤하지 못하여 오히려 공허함만 커졌고, 이 공허함을 혼자 술로 풀어내는 나쁜 습관이 생겨버렸습니다.

사랑스러운 눈빛으로 자녀를 바라보는 장애아동의 부모들을 보며 딸기에 대한 사랑은 새까맣게 잊어버리고, 억눌렸던 학창 시절이 생각나며 그저 부모에 대한 분노의 감정만 떠오르게 되었던 것 같습니다. 결국 저는 엄마에게 분풀이하고, 엄마 아빠와 대화하지 않게 되었습니다. 그렇게 몇 달을 지내던 중 어느 날부터인가 엄마는 운동을 시작하셨습니다. 갑자기 마라톤을 한다고 했습니다. 엄마에게 관심을 두지 않았기 때문에 그렇게 시간이 흘러갔습니다. 어느 날 화창한 봄날에 '다음 주에 있을 마라톤 대회에 참가하니 나와서 응원해달라'는 부탁을 하셨습니다. 저는 별다른 생각 없이 마라톤 코스에 서 있었는데, 붉게 상기된 웃는 얼굴로 양손을 흔들며 엄마는 제가 서 있는 구역을 지나쳐 갔습니다. 마라톤이 끝나고 나서 엄마는 나를 보고 이렇게 말씀하셨습니다. "엄마가 할 수 있다는 것을 보여주고 싶었어" "민아가 그렇게 바라던 삶을 살게 되었잖아." "엄마는 사회복지가 무엇인지 잘 몰라. 더욱 네가 하고 있는 장애인을 돕는 일은 더 모르지만 엄마는 너를 만나기 위해 찾아오는 장애 부모가 어떤 마음일지는 조금은 알 것 같아. 자식을 키운다는 건 그 자녀가 장애가 있다고 하여 다르지 않다고 생각해. 네가 슬퍼할 시간에 힘을 내야지 않겠어? 이제 그만 방황했으면 좋겠어. 민아가 생각하는 더 좋은 사회복지사로 살려고 노력한다면 충분히 잘할 수 있어"라는 말을 했습니다.

그때의 일을 엄마는 기억하고 있을까요? 저는 엄마의 그 모습과 그 말들이 정확하게 기억에 남아 있지 않지만, 그때의 그 감정이 남아 있습니다. 이 세상에 누군가에게 무한한 사랑을 받으며 살 수 있다는 게 얼마나 큰 행복인가요?

너무 진부한 이야기이겠지만 자식을 낳고 키우면서 부모의 사랑을 알게 됩니다. 온전히 내 것을 주어도 아깝지 않은 사랑을 알게 됩니다. 맛있는 음식을 아이들이 잘 먹으면 저도 배가 부릅니다. 아이가 아프면 제 마음이 갈기갈기 찢어집니다. 아이를 돌보느라 몸은 힘든데 아이들을 바라보고 있으면 마음은 가볍습니다. 희한한 일입니다. 이런 것이 정말 사랑이 아닐까요? 지금 타임머신이 있어 신입 사회복지사로 돌아간다면 저는 장애아동 부모님의 슬픔보다는 그 아이에게 전해주는 사랑에 더욱 공감하고, 아이가 자라나는 있는 그대로의 모습을 지켜보며 함께 기뻐할 수 있을 것 같아요.

 '사랑'이라는 단어를 떠올려 보면, 가장 먼저 떠오르는 것은 결국 우리 엄마와 내 자식들이었던 것 같습니다. 아낌없이 퍼부어 주셨던 우리 엄마. 내 자식에게 아낌없이 퍼붓게 되는 나. 계산할 것도 없고, 고민할 것도 없고, 그저 본능적으로 튀어나오는 그런 감정. 이게 사랑인 것 같습니다.

작가의 말

며칠 전 마을 모임 회의에서 장애인 당사자 한 분이 내게 이런 말을 했다. "선생님이 있어서 제 삶이 고립되지 않았다는 생각이 들어요". 사회복지사로서 들을 수 있는 최고의 찬사가 아닌가? 하는 생각과 함께 상념에 잠겼다.

효율과 속도를 추구하는 시대에 '효율'보다는 '효과'를, '속도'보다는 '안정'을 추구하는 철학과 신념을 가지고 살아간다는 게 쉽지 않지만, 글을 쓰는 동안 '사회복지사로 살아온 19년'이라는 시간은 나름 행복한 삶이었다'라는 생각이 들었다.

현대의 많은 사람은 여러 사람 사이에 살면서도 말 한마디 섞지 않는 단절된 삶을 살아가고 있다. 띡! 하는 교통카드 태그를 시작으로 만원 지하철에 몸을 실었으나 눈과 귀는 스마트폰에만 쏠려 있다. 무인 키오스크로 주문하는 커피 한 잔을 들고 사무실로 들어가 컴퓨터와 일을 하고, 업무 후에는 노곤한 몸을 이끌어 집에 돌아와 앱으로 배달 음식을 주문하면 잠시 후 문 앞에 음식이 준비되어 있다. 이 음식을 혼자 먹고, 혼자 TV를 보면서, 혼자 웃다가 리모컨을 손에 들고 잠에 든다.

'사회복지사'의 일은, 야간이고 주말이고 가리지 않고 언제 엉뚱한 전화를 받을지도 모르고 어떤 불합리한 요구사항을 들을지도 모른다. 인간의 감동스러운 모습을 접하기도 하고, 인간의 가장 밑바닥의 모습을 접하기도 한다. 너무나도 많은 감정의 소용돌이에 살고 있는 것 같지만 그래도 최소한 '고립감'은 맛보지 않을 것 같다.

이 얼마나 행복한가?

어떤 날에는 환희에 찬 기쁨을 느낄 수 있고, 또 어떤 날에는 깊은 분노를 느낄 수 있고, 또 어떤 날에는 가슴 저린 슬픔을, 또 어떤 날에는 천진난만한 즐거움을 느낄 것이다.

그리고, 이 모든 희로애락은, '함께' 느낄 것이다. 이 길이 나에게 숙명이라면 나는 기꺼이 가겠다. 후회 없이. 그리고, 이 길을 지지해주는 나의 가족에게 진심으로 감사의 마음을 전한다. 앞으로도 더 수고해주길♡

추천사

동대문구청장 추천사

동대문구청장 이필형

구립동대문장애인종합복지관은 함께 성장하고 변화하는 공간입니다. 여러분의 열정과 헌신은 장애인 분들에게 자립의 희망과 기회를 선물하고 있습니다.

때로는 힘들고 지치는 순간도 많겠지만, 여러분의 노고는 언제나 우리 사회에 긍정적인 변화를 만들어 내고 있습니다.

이 책은 복지관에서의 하루하루가 어떻게 장애인 분들의 삶을 변화시키고, 더 나아가 사회에 긍정적인 영향을 미치는지를 담고 있습니다.

여러분의 경험은 단순한 직무를 넘어, 세상을 더 나은 곳으로 만드는 중요한 역할을 하고 있습니다.

"한 사람이 모든 세상을 바꿀 수는 없지만, 모든 사람은 세상을 바꿀 수 있는 작은 일을 할 수 있다"는 제인 구달의 말처럼 여러분의 헌신은 우리 모두에게 깊은 울림을 줍니다.

이 책에 담긴 여러분의 이야기가 많은 이들에게 감동과 희망으로 전달되기를 기대합니다.

앞으로도 동대문구는 여러분이 만들어가는 이 포용과 변화의 여정에 힘을 보태겠습니다. 변화를 함께 이끌어가는 여러분의 발걸음을 진심으로 응원합니다. 감사합니다.

서울시장애인복지관협회 회장 추천사

서울시장애인복지관협회 회장 최선자

세 번째 '펜대'를 발간하게 된 것을 진심으로 축하드립니다.

사회복지 현장에서 참여자의 시선으로 현장을 바라보면서 그들의 긍정적인 변화와 정서적 지원을 위해 애쓰신 8명의 작가 분들의 노고에도 감사드립니다.

군대를 예편하고 인생 후반전은 사회복지사로 장애인복지에 첫발을 디딘 김봉학 작가님. 사람이 아니라 사회가 변화하는 세상을 꿈꾸는 사회복지사 김예림 작가님. 장애인 당사자가 원하고 바라는 삶의 실현을 소망하며, 그 방법을 함께 궁리하고 나아가는 과정을 거두는 일을 하고 계시는 김예영 작가님. 스스로 자신의 권리를 지키고자 하며, 자아실현 하는 사람들과 그 과정을 함께 하고 계시는 김혜빈 작가님. 2012년도부터 현재까지 12년간 사회복지 노동자로 살고 계시는 신은경 작가님. 장애인 지역사회 안에서 어떻게 하면 지금보다 더 행복한 삶을 살아갈 수 있을지 고민하고 지원할 수 있는 방법을 모색하고자 노력하시는 이상오 작가님. 읽는 것도 재능이라 믿고, 사람을 이해하는 데에 책만한 것이 없다고 생각하시는 정민권 작가님. '삶을 여행하는 워킹맘'의 모습으로 살고 싶어하시는 아태아쩡의 엄마 최민아 작가님.

사회복지에 대한 열정과 사명감으로 일하시는 8명의 작가분들이 있기에 우리나라의 사회복지가 존재하고 있지 않나 하는 생각이 듭니다.

사회복지 현장에서 많은 어려움, 좌절, 슬픔도 있었겠지만, 되돌아보면, 그것이 소중한 보람, 소망, 가치있는 삶, 기쁨 등 문득 '행복하다'라는 생각이 든다는 어느 작가님의 이야기에 저 또한 공감합니다.

여덟 분의 작가님의 글이 담긴 『완벽하지 않아서 사랑하게 되는』 발간을 계기로 많은 사회복지사들이 펜대에 글을 쓰고 출판할 수 있는 기회가 마련되기를 기원합니다.

다시 한 번 『완벽하지 않아서 사랑하게 되는』 출간을 진심으로 축하드립니다.

감사합니다.

구립동대문장애인종합복지관 관장 추천사

구립동대문장애인종합복지관 관장 황주연

『누구에게나 평등한 행복추구권』, 『오늘을 견디며, 사랑하며』에 이어 『완벽하지 않아서 사랑하게 되는』의 출판을 진심으로 축하합니다.

현장에서 일해 온 사회복지사 중 한 사람으로서 사회복지 현장 속 여덟 분의 지식과 경험을 바탕으로 에세이를 출판하는 것은 사회적 약자와 함께 동행하고 있는 많은 이들에게 영감을 주고, 우리가 하는 일의 중요성을 알리는 데 큰 역할을 한다고 믿습니다.

이 분들의 이야기가 단순히 개인의 경험을 넘어 많은 사회복지사들에게 위안을 주고, 현장에서 직면한 도전과 어려움을 극복하는 데 필요한 힘을 줄 것으로 기대합니다.

진심이 담긴 한 분, 한 분의 이야기가 더 큰 울림을 만들어 내고, 시간이 지나도 많은 사람들에게 읽혀져 그 자체로도 힘이 생기고, 우리 사회에 선한 영향력이 미치게 되길 소망합니다.

이 멋지고 귀한 여정에 구립동대문장애인종합복지관이 함께 하게 되어 너무 기쁩니다.

여러분의 몸 마음 영혼까지 내내 강건해지기를 기도합니다.

완벽하지 않아서 사랑하게 되는

초판 인쇄 2024년 11월 20월
초판 발행 2024년 11월 28일

지 은 이 | 신은경, 정민권, 김봉학, 김예림, 김예영, 김혜빈, 이상오, 최민아
엮 은 곳 | 구립동대문장애인종합복지관
엮 은 이 | 황주연
펴 낸 이 | 최서아
펴 낸 곳 | 서아책방
등   록 | 2020년 3월 20일 제 2020-000020
이 메 일 | seoa93@naver.com
편   집 | 김새봄
교   정 | 이현수
인   쇄 | 디자인에스비

ISBN 979-11-967802-4-1 (03810)

* 이 책은 구립동대문장애인종합복지관에서 장애에 대한 '시선'으로 기획한 에세이 시리즈입니다. 장애당사자의 시선을 담은 첫 번째 이야기 〈행복 추구권〉, 장애 부모의 시선을 담은 두 번째 이야기 〈오늘을 견디며, 사랑하며〉, 그리고 사회복지사의 시선을 담은 세번째이야기 〈완벽하지 않아서 사랑하게 되는〉입니다.
* 이 책 내용의 전부 또는 일부를 재사용하려면 반드시 서아책방과 구립동대문장애인종합복지관 양측의 동의를 받아야 합니다.
* komca 승인 필